Oliven

Eine Liebeserklärung an den Süden

Für meine drei liebsten Menschen, ohne die sich mein Italien-Traum nie erfüllt hätte: meinen Mann Michael Konitzer und meine Eltern Egon († 2005) und Ursula Rauch († 2017)

HEIDI RAUCH

Oliven

EINE LIEBESERKLÄRUNG AN DEN SÜDEN

Inhalt

Ein verfallenes
Bauernhaus
und 35 Olivenbäume

Ein verfallenes Bauernhaus und 35 Olivenbäume – ein persönliches Vorwort

Im Süden

Das weiße Meer liegt eingeschlafen,
und purpurn steht ein Segel drauf.
Fels, Feigenbäume, Turm und Hafen,
Idylle rings, Geblök von Schafen, –
Unschuld des Südens, nimm mich auf!

Nur Schritt für Schritt – das ist kein Leben,
stets Bein vor Bein macht deutsch und schwer.
Ich hieß den Wind mich aufwärts heben,
ich lernte mit den Vögeln schweben, –
nach Süden flog ich übers Meer.

Friedrich Nietzsche, 1844–1900

Wollen Sie bald unter Ihrem eigenen Olivenbaum sitzen?“ Die Postkarte der Immobilienmaklerin zierte ein knorriger Olivenbaum. Sie lag der zweisprachigen Zeitschrift „*adesso*“ bei, mit deren Hilfe ich im Italienisch-Kurs versuchte, mehr zu lernen als nur „*Un cappuccino, per favore*“ und „*Grazie*“. Nachdem mein Mann und ich im letzten Urlaub unter einem uralten Olivenbaum auf Korsika wundervolle Essens-, Lese- und Gesprächsstunden verbracht hatten, klang das Wort „Olivenbaum“ absolut verführerisch. Keine Frage also, dass unsere

nächste Reise dorthin führte, woher die verheißungsvolle Botschaft gekommen war: in die eher unbekannte mittelitalienische Region Marken, Le Marche.
Eine schicksalhafte Reise! Denn ein halbes Jahr später waren wir zusammen mit einer befreundeten Familie Besitzer eines 1,5 Hektar großen Grundstücks in den südlichen Marken, Provinz Ascoli Piceno. Darauf standen: ein seit über zehn Jahren nicht mehr bewohntes Bauernhaus, eine majestätische Phönix-Palme, zwei riesige Feigenbäume, zwei Zitronen- und drei Orangenbäume - und 35 Olivenbäume!

Immergrüne Landschaft

Mit absolut nicht dafür geeigneten Schuhen ging ich in den steilen Olivenhain oberhalb des verfallenen Hauses, bahnte mir den Weg durch hohes Unkraut, darunter herrlich duftende Minze sowie stachlige Brombeeren, und genoss die Aussicht, auf die auch die Bäume schauten: Unter mir lag die typisch kleinteilig bewirtschaftete immergrüne hügelige Landschaft der Marken mit Olivenhainen, Weinbergen, Feldern und Obstgärten. Und um die Ecke hinter der nächsten Serpentine zu erahnen: das Meer, der Adria-Sandstrand.
Unsere zukünftigen Olivenbäume waren zwar offensichtlich lange nicht so alt wie ihr korsischer Kollege, aber sie verströmten die gleiche Ruhe und Beständigkeit. Wild waren die Äste in alle Himmelsrichtungen gewachsen, dichtes grün-silbriges Blätterwerk wehte im Wind, niemand hatte sich offensichtlich um die Bäume gekümmert. Denn die Bauersfamilie hatte sich oben direkt an der Straße ein neues, bequemer zu erreichendes Haus gebaut. Ihr Grundstück – normalerweise bewirtschaften die marchegianischen Bauern vier Hektar – war ihnen zu groß geworden. Nun hatten sie es geteilt und in uns Käufer gefunden, die nach und nach als Städter ihre bäuerliche Ader entdeckten.

Meine erste Amtshandlung war denn auch - noch bevor der Notarvertrag unterschrieben war – mich um den Schnitt der Olivenbäume zu kümmern. Denn, das schien mir offensichtlich, der Baumschnitt im Frühjahr würde die Ernte im Herbst erleichtern. Meine Vision, genährt aus Filmen und Romanen: eine große Tafel im Freien mit fröhlichen Olivenernte-Helfern, die nach getaner Arbeit hungrig Weißbrot in frisches Olivenöl tunken.

Erste eigene Olivenernte

Dieser Traum wurde im November 2008 tatsächlich wahr: Wir hatten noch kein Haus, aber wir ernteten und waren unendlich glücklich über unser erstes eigenes Olivenöl! Es war köstlich – und das Gefühl, mit eigener Hände Arbeit etwas geschaffen zu haben, unbeschreiblich befriedigend. Die große Tafel mit Pasta, Pane und Olio am Abend nach der Ernte gab es natürlich auch. Allerdings angesichts der November-Kühle doch lieber drinnen.
Seitdem haben wir jedes Jahr dazu gelernt, neue Bäume gepflanzt und viele Menschen kennengelernt, die der Faszination Olivenöl ebenso erlegen sind wie wir. Möge dieses Buch mit seinen Geschichten über engagierte Olivenbauern, handwerkliche Olivenernte und wundervolles Olivenöl die Sehnsucht nach dem Süden stillen (oder wecken) – und dabei unterhaltsam die Leidenschaft für den so vielseitigen Ölbaum erklären, der schon in der Antike als Friedenssymbol diente und den Menschen Licht, Heilung und Nahrung zugleich bot.

Heidi Rauch, im Dezember 2022

Der Olivenbaum – Mythos und Muse

Der Olivenbaum – Mythos und Muse

Der Ölbaum und Athene

Eines kenn ich nur hier
– Asien besitzt
Ähnliches nirgends
Noch der weite Bereich dorischen Stammes.
Es ist niemals
Auf der Erde
Ein solch Gewächs,
Unbändig, eigenwüchsig
Entsprossen, selbst den Feind erschreckt´s;
So groß gedeiht´s
Nur in unserem Lande,
Lichten Laubes, dem Kinde
Heilsam – der Ölbaum.
Auf ihn wird nie
Weisen der Zerstörer,
Kein Feind,
Jung oder alt, tut ihm ein Leid´s an.
Es behütet ihn Zeus, er blickt
Ewigwachend auf ihn, es wacht
Lichten Auges Athena. …

Sophokles, 497–406 v. Chr.,
aus dem Drama „Ödipus auf Kolonos“

Athene gegen Poseidon: göttlicher Baum

Einfach göttlich! Das sagt man so leicht, vor allem, wenn man frisches, gold-gelb-grün schimmerndes Olivenöl sieht, riecht und schmeckt. Wie buchstäblich wahr und zutreffend dieses Adjektiv ist, erzählt die Geschichte von Athene und dem Olivenbaum. Es geht um nichts Geringeres als die Gründung der Stadt Athen, benannt nach Athene, der Göttin der Weisheit, die paradoxerweise zugleich Friedens- und Kriegsgöttin ist. Im Olymp der griechischen Mythologie wird ja reichlich gestritten – Stoff für viele Dramen, mit denen sich vor allem Altgriechisch-Schüler eher unfreiwillig auseinandersetzen müssen.

Diesmal ging der Streit um den Besitz der Landschaft von Attika. Sie sollte derjenigen Gottheit gehören, die dem attischen Volk das wertvollste, unvergänglichste Geschenk bieten konnte. Im Wettstreit um diesen „Nachhaltigkeitspreis“ lagen der Meeresgott Poseidon, Bruder des Zeus, und eben Athene, Tochter des Göttervaters. Beide Gottheiten standen auf dem Berg der Akropolis, und Poseidon schlug seinen Dreizack in den Felsen, so dass eine Wasserquelle hervorsprudelte. Allerdings war es eine salzige! Davon aber hatten die Griechen genug. Auch das zusätzlich offerierte, ihm heilige Pferd als Lastenträger nutzte nichts.

Athenes Weisheit

Denn Athene pflanzte eine Olive, aus der der allererste Ölbaum wuchs. Andere Versionen sprechen davon, dass auch sie mit ihrem Speer gegen den Felsen schlug und sofort ein bereits Früchte tragender Olivenbaum zum Vorschein kam. Wie dem auch sei: Offensichtlich ist der Olivenbaum dem Menschen nützlicher, denn sein Öl spendet Licht, dient als Salböl für den

Götter- und Totenkult, ist Heilmittel für Kranke, Schönheitsmittel für die Damen und Energie lieferndes Nahrungsmittel für alle. Als Siegerin kürte Zeus also die weise Athene. Seitdem ist sie Schutzgöttin und Namensgeberin der Stadt Athen – sonst würde die griechische Hauptstadt Poseidonia heißen. Immerhin hieß Paestum einst so.
Gemäß der Legende stammen alle Athener Olivenbäume von diesem ersten Baum ab und sind somit heilig. Das Abholzen war bei Todesstrafe (!) verboten. So schreibt Aristoteles in der Verfassung der Athener: *„Wenn jemand einen Olivenbaum entwurzelt oder gefällt hat, sei es Staats- oder Privateigentum, wird er vor Gericht gestellt und wenn er für schuldig befunden wird, zum Tode verurteilt.“* Später wurde der Baumfrevler ins Exil verbannt und sein Besitz eingezogen.

Poseidons Niederlage

Im antiken Götter-Griechenland rebellierte der aufbrausende Poseidon jedoch gegen die Entscheidung von Zeus und überschwemmte das Land, um Attika zu bestrafen. Symbolisch soll es auch um die ökonomische Ausrichtung des Volkes gegangen sein: Sollte es sich der Seefahrt zuwenden oder dem Landbau, dem Ölbaum-Anbau? Zusätzlich versuchte einer von Poseidons vielen Söhne, den Baum zu fällen. Aber wie von Zauberhand wurde er beim Ausholen selbst mit seiner Axt getötet. Der Olivenbaum erwies sich als unverwundbar. Andere Versionen sprechen übrigens von einer Dürre, die Poseidon geschickt haben soll. Aber auch das hätte dem Baum nichts ausgemacht.
Olivenbäume lieben kargen Untergrund. Sie brauchen nur in den ersten Lebensjahren zusätzliches Wasser. Sonst schaffen es ihre bis zu sechs Meter langen Wurzeln, auch noch ganz tiefes Grundwasser zur Ernährung anzuzapfen. Wahrscheinlich

Olivenhain unterhalb der Akropolis

gehen meine im Topf gehaltenen Olivenbäume in deutschen Gefilden auch eher an Staunässe ein – und am Sonnenmangel.

Sonne ja – Frost nein

Denn Olivenbäume (*olea europea*) gedeihen am besten zwischen dem 30. und 45. Breitengrad. Hier in der Mittelmeerregion finden sie ideale Bedingungen: Sie stehen bei gleichmäßig warmem Klima in Küstennähe an sonnigen, geschützten Hängen, mit kalireichem, porösem Kalkboden. Sie vertragen leicht Temperaturen bis 40 Grad Celsius, aber längere Frostperioden eher nicht. Ab 35 Grad Celsius sterben übrigens auch die Eier und Larven der gefürchteten Olivenfliege, die saftige Oliven unglücklicherweise als Brutstätte auserkoren hat – und damit komplette Ernten verderben kann.

Vulkanische Beweise

Athene hat mit dem Olivenbaum nicht nur den Griechen ein großes Geschenk gemacht: Er verbreitete sich bald im gesamten Mittelmeerraum bis hin zur Türkei und nach Marokko und bis zum Nahen Osten, wo er in Israel, Palästina und in Syrien beheimatet ist (oder es schon war?). Einen der allerersten Funde der Wildpflanze können die Griechen auch jenseits aller Mythologie für sich reklamieren. Spannende fossile Beweise fanden sich auf der Insel Santorin, die in der Bronzezeit, ca. 1.600 vor Christus, aufgrund eines Vulkanausbruchs in der Ägäis versank.
Als stiller Zeuge der Katastrophe von Thera, wie Santorin damals hieß, dient ein meterlanger – und wie man inzwischen weiß – rund 3.570 Jahre alter, verkohlter Ast eines Olivenbaums. Den fand 2004 der deutsche Doktorand und Vulkanologe Tom Pfeiffer in einer losen Bimssteinlage. Er rief sofort seinen Professor

Dr. Walter Friedrich an, Geologe an der dänischen Universität Aarhus, der seit 30 Jahren auf Santorin forschte. Nach einem ersten Datierungsversuch in Aarhus musste das schwarze Holz aus dem zweiten Jahrtausend vor unserer Zeitrechnung stammen.
Der Umweltphysiker Dr. Bernd Kromer von der Universität Heidelberg unterzog den Olivenast schließlich einer 3D-Röntgenuntersuchung und stellte fest, dass der Baum, von dem er stammte, über 3.500 Jahre alt sein musste.
„Wir haben in den Baum reingeschaut wie sonst Mediziner in den Kopf eines Menschen", sagt Kromer. Mit seiner Methode der Radiokarbon-Datierung hat der Forscher damit unter Historikern noch für eine kleine Sensation gesorgt: Die Explosion auf Santorin fand 100 Jahre früher statt als bisher von den Historikern angenommen (1620 v. Chr. statt 1520 v. Chr.) – und das hat der Ast eines Olivenbaums bewiesen!

Friedenssymbol Olivenzweig

Gegen Abend kam die Taube zu Noah zurück, und siehe da: In ihrem Schnabel hatte sie einen frischen Olivenzweig. Jetzt wusste Noah, dass nur noch wenig Wasser auf der Erde stand. …

1. Buch Mose, Genesis 8,10 und 8,11

Im Garten von Gethsemane: biblisches Alter

40 Tage und Nächte der Sintflut waren vorbei, der Wasserspiegel war auf die Höhe der Olivenbäume gesunken – dies die Hoffnung gebende Botschaft des frisch gebrochenen Olivenzweigs, den die Taube auf Noahs Arche trug. Ein Symbol des Friedens also, des Neubeginns und der Versöhnung mit Gott nach der die Menschen bestrafenden Flut, von der das Alte Testament berichtet. Als Friedenssymbol dient der Olivenzweig noch heute, wie die Flagge der Vereinten Nationen zeigt. (Nein, es ist kein Lorbeerzweig!)

Die Geschichte beweist aber noch eines, nämlich die Zähigkeit und Langlebigkeit des Olivenbaums, der selbst Flutkatastrophen überlebt. Tatsächlich ist die Lebenskraft von Olivenbäumen unglaublich stark, verfügen sie doch über die Fähigkeit zur Selbstregeneration. Einmal tief verwurzelt, wachsen auch aus Stümpfen nach Bränden oder Fäll-Aktionen wieder neue Bäume.

Nur großen Frost vertragen sie nicht. So wurden im Jahrhundert-Winter 1985 in der Toskana und Teilen Umbriens nach einer längeren Periode mit Temperaturen von minus 20 Grad 90 Prozent der 17 Millionen Pflanzen zerstört, weil auch die Wurzeln erfroren waren. So einen schrecklichen Winter hatte es zuletzt 1709 in der Toskana und in Ligurien gegeben.

5000 Jahre alt – und noch lebendig!

Dort, wo ihm Wetterkapriolen und der Mensch nichts antun, kann der Olivenbaum uralt werden. Vor ca. 6.000 Jahren fand er als kultivierte Nutzpflanze im Mittelmeerraum seine erste urkundliche Erwähnung; 5.000 Jahre alt könnten die ältesten und vielleicht wichtigsten Olivenbäume der Welt sein, die noch leben! Sie stehen im Garten von Gethsemane, was im Griechischen „Ölpresse" heißt, am Fuße des Jerusalemer Ölbergs. Tatsächlich könnte Jesus seine Zwiesprache mit Gott kurz vor seiner Kreuzigung zwischen den bewirtschafteten Olivenbäumen gehalten haben, die auch wir heute noch dort sehen! Ein Forschungsteam um Giovanni Gianfrante vom Institut für Agrartechnik in Florenz hat nämlich 2012 das sagenhafte Alter der Stämme festgestellt: Einige der Olivenbäume im Garten Gethsemane stammen möglicherweise aus dem 3. vorchristlichen Jahrhundert, also aus hellenistischer Zeit! Herangezogen wurden dazu auch archäologische Funde von Ölverarbeitungsplätzen auf dem Gelände neben der „Kirche der Nationen". Sicher ist, dass drei der acht untersuchten Bäume 1000 Jahre alt sind. *„Selbst wenn der Stamm und der obere Teil des Baums einige hundert Jahre alt sind, kann der untere Teil wesentlich älter sein"*, erläutert der Wissenschaftler.

Jesus im Ölgarten Gethsemane

Aus der Höhe der Bäume oder den bei anderen Baumarten üblichen Lebensringen kann man übrigens nichts schließen: Olivenbäume können zwar bis zu 20 Meter hoch wachsen, aber weil ihre Stämme sich oft teilen und „verknoten", wachsen sie eher in die Breite. Die gedrungenen Bäume in Gethsemane sind lediglich fünf bis sechs Meter hoch.

40 Labore und 15 Forscher aus fünf verschiedenen Universitätseinrichtungen und drei nationalen Forschungsinstituten waren an der Untersuchung beteiligt. Drei Jahre lang nahmen die Wissenschaftler sowohl das Alter der Bäume, ihr genetisches Profil, den Gesundheits- und Ernährungsstatus als auch die Mikro-Morphologie von Baum, Blatt und Frucht unter die Lupe.

Überrascht waren die Wissenschaftler nicht nur vom biblischen Alter der Bäume, sondern auch von der Erkenntnis, dass alle acht untersuchten Bäume die gleiche DNA aufweisen.

Somit müssen die Bäume als Stecklinge aus derselben Pflanze gezogen worden sein.

250 Mal Öl in der Bibel

Warum, darüber gibt nicht einmal die Bibel Auskunft, obwohl sich in ihr über 250 Stellen finden, an denen von Salbungen mit Olivenöl, vom Ölbaum oder Ölberg die Rede ist. Im Neuen Testament berichten die Evangelisten Lukas und Matthäus, dass Jesus vom Ölberg aus in Jerusalem einzog, am Ölberg über Jerusalem weinte, am Fuße des Ölbergs im Ölgarten Gethsemane gefangen genommen wurde und vom Ölberg aus nach der Auferstehung in den Himmel fuhr.
Christus, von der griechischen Übersetzung des Wortes Messias her kommend, heißt übrigens „der Gesalbte". Dabei verstehen die Christen die Salbung auch im übertragenen Sinn: Das Öl der Olive ist ihnen Symbol für das Durchdrungensein des Menschen Jesus mit dem Heiligen Geist. Das heilige Öl Chrisam besteht aus Olivenöl und wohlriechenden Substanzen. Die Salbung bei Taufe, Firmung, Weihe etc. soll Gesundheit, Freude, Kraft und Glück spenden.
In allen drei großen monotheistischen Religionen – Judentum, Christentum, Islam – hat der Ölbaum eine wichtige symbolische Bedeutung. Seit dem Altertum gilt er als heilige Pflanze.

Himmlischer Beistand

Auch wir erlebten einmal unsere persönliche Sintflut und himmlischen Beistand: In den sonst klimatisch so verwöhnten mittelitalienischen Marken kann es auch sehr ausgiebig regnen. Nur deshalb ist die hügelige Landschaft auch zu jeder Jahreszeit grün. Anfang September 2012 regnete es tagelang in Strömen.

Die wahrscheinlich ältesten Olivenbäume der Welt stehen im Garten von Gethsemane in Jerusalem.

Auf einmal trauten wir unseren Augen nicht: Eine Schlammlawine bahnte sich bedrohlich einen Weg den steilen Hang herab zu unserem Grundstück. Und mit sich führte sie – einen entwurzelten Olivenbaum! Während unser Olivenhain dem Dauerregen standhielt, war weiter oben auf dem Friedhof (!) jenseits der Straße ein schlecht befestigter Lehmhang dermaßen aufgeweicht, dass er sich den Weg nach unten bahnte, rasch zur tonnenschweren Mure anschwoll und einen Olivenbaum mit sich riss.

Gott sei Dank kam der Lawinen-Baum oberhalb unseres Hauses zum Stehen! Jetzt hängt er reichlich windschief an einem Abgrund, aber er hält sich, unverwüstlich – und trägt wieder brav Früchte.

Element und Engel

Zu den vier Elementen – Erde, Wasser, Feuer, Luft –
müsste eigentlich ein fünftes hinzugefügt werden,
die Olive.
Wer Olivenbäume kennt, verehrt sie, hält sie für Engel,
die aus der Erde emporsteigen.

Willis Barnstone, amerikanischer Poet, geb. 1927

Keltisches Baum-Horoskop: Symbol für Weisheit

Wäre ich einen Monat später auf die Welt gekommen, nämlich am 23. September, wäre mir tatsächlich der Ölbaum zugeordnet. So bin ich im Zeichen der Zeder geboren. Die Rede ist hier vom keltischen Baum-Horoskop, das so alt ist wie der Olivenbaum: Der so genannte Lebensbaumkreis entstand in der keltischen Kultur vor rund 2.700 Jahren. Insgesamt werden 21 Bäume den verschiedenen Wochen des Jahres zugeordnet. Nur Eiche, Birke, Buche – und Olive stehen für jeweils einen einzigen Tag.

Den Menschen, die an diesem Tag geboren wurden, werden wie beim Tierhoroskop verschiedene Charaktereigenschaften zugeordnet. Der Ölbaum steht für die Weisheit. Schließlich war ja auch Athene, die Göttin der Weisheit, maßgeblich am Entstehen des heiligen Olivenhains auf der Akropolis zuständig. Aber halt, wir sind ja bei den Kelten: Sie haben das Geheimnis der Bäume ergründet und sich von ihnen inspirieren lassen.

Liest man das im Falle des Olivenbaums, so möchte man sofort in seinem Zeichen stehen: Ölbaum-Geborene lieben die Wärme, die Sonne und wahre aufrichtige Gefühle; sie zeichnen sich durch Vernunft und Intelligenz aus; eine große Ausgeglichenheit, innere Ruhe, Kraft und Heiterkeit kennzeichnet sie; sie schaffen Glück und Frieden; sie sind sehr gute Berater und können auch in schwierigen und komplexen Situationen einen klaren Überblick bewahren uvm.... Wie schön! Fazit: In der Ruhe liegt die Weisheit, sie sind lebenslange, treue und angenehme Partner. Was will man mehr?

Odysseus: verwurzeltes Ehebett

20 Jahre war der listige Held Odysseus fort von zu Hause, hat den Trojanischen Krieg überstanden, den einäugigen Zyklopen Polyphem mit einem Pfahl aus Olivenholz besiegt und sich auf mancher Insel mit Hilfe von Göttinnen und Zauberinnen unter Olivenbäumen von den Seefahrer-Strapazen erholt. Nun kehrt er zu seiner Ehefrau Penelope zurück, tötet ihre Freier und wird nicht von ihr erkannt! Die ultimative Probe aber besteht er mit links: Als sie sein Bett aus dem ehelichen Schlafzimmer entfernen lassen will, zürnt er mächtig, denn das sei ja schließlich unmöglich! Warum? Das konnte nur er wissen. Probe bestanden!
Homer beschreibt in seiner „Ilias" (Od. XXIII, 183-204) das Geheimnis der beiden, nämlich das Ehebett, das der König von Ithaka eigenhändig aus einem Olivenbaum gebaut hat!

> *„Im Innern des Hofes wuchs ein dichtbelaubter Ölbaum, hoch, blühend und stark wie eine Säule; rings um ihn herum baute ich aus großen Steinen das Ehegemach, bis ich es vollendet hatte, deckte es mit einem Dach und verschloss es mit dichten, fest eingefügten Türen; darauf hieb ich die Zweige des dicht belaubten Ölbaums ab, bearbeitete die Oberfläche des Stammes von der Wurzel aus, glättete ihn geschickt mit dem Erze nach der Richtschnur, machte daraus den Fuß des Bettes und durchbohrte ihn überall mit dem Bohrer; auf diesem Fuße baute ich*

Ein Hügel aus Scherben von Ölamphoren: Roms Monte Testaccio

> *das ganze Bett auf, belegte es mit Gold, Silber und Elfenbein, und spannte Riemen von Rindsleder, mit glänzendem Purpur gefärbt, darin aus."*

Was für ein Symbol ehelicher Treue! Und was für einen ruhigen Schlaf muss Odysseus gehabt haben im Bewusstsein, über eine derart unverwüstliche Wurzel mit „Mutter Erde" verbunden zu sein. Fehlt nur noch, dass auch das berühmte Trojanische Pferd aus Olivenholz gefertigt war. Aber nein, es war Ahornholz. An dem harten Olivenholz hätten die tapferen Krieger dann doch etwas zu lange gewerkelt.

Es war einmal ... kuriose Fundstücke

Um die erste urkundliche Erwähnung, den ältesten Olivenbaum, die genaue Herkunft streiten sich die Geister. Es gibt viele Vermutungen, Ausgrabungen, Forschungen. Hier ein paar herausragende Fundstücke:

- Auch Afrika hat einen Anteil an der Oliven-Geschichte: Man fand tatsächlich fossilierte Olivenblätter auf dem afrikanischen Kontinent, und zwar aus der Altsteinzeit! Das heißt 53 000 v. Chr., ungefähr zur Zeit des Neanderthalers.
- Nächste Periode: Jungsteinzeit. Hier hat man in Ostanatolien die ersten Beweise gefunden, dass Olivenbäume als Nutzbäume gehalten wurden. Wir sprechen von 6000 v. Chr.
- Für den blühenden Handel mit Olivenöl, das damals wirklich „flüssiges Gold" war, gibt es als Zeugen einen der sieben Hügel Roms: Der Berg Testaccio soll aus 40 Millionen Ölamphoren bzw. deren Scherben bestehen. Die meisten davon kamen aus Spanien, und zwar 138 bis 260 n. Chr.
- Nach dem Untergang des Römischen Reiches, als auch der Handel mit Olivenöl zum Erliegen kam, waren es die Mönche, allen voran die Benediktiner und Zisterzienser, die den Olivenanbau weiter betrieben. Sie brauchten das Öl für die heiligen Riten. Deshalb findet man auch heute noch viele Olivenhaine rund um Klöster. In der Toskana gibt es gar die Abtei Monte Oliveto Maggiore, das Stammkloster der Olivetaner, die den Benediktinern nahe stehen.
- Einen 3,5 Kilometer langen Olivenweg, *Sentiero dell'Olivo*, haben Freunde des Olivenbaums und Wissenschaftler in der italienischen Schweiz, im Tessin, angelegt. Der Wanderweg zwischen Gandria und Castagnola am Luganersee führt durch antike Olivenhaine, die mit jungen Bäumen wieder aufgeforstet wurden. Auf 18 Informationstafeln erfährt man Wissenswertes über Geschichte, Botanik, Kultivierung des Olivenbaums und die Verarbeitung seiner Früchte.
- „*Olea europaea*", die europäische Variante des Olivenbaums, erhielt ihren Namen vom schwedischen Botaniker Carl von Linné in seinem 1753 erschienenen zweibändigen Werk *Species Plantarum*.

Van Gogh: Olivenbäume statt Sonnenblumen

Rauschender Olivenhain

Ah, mein lieber Theo, wenn Du die Olivenbäume zu dieser Jahreszeit sehen könntest (...). Das Rauschen eines Olivenhains hat etwas Vertrautes, unglaublich Altes. Es ist zu schön, als dass ich es malen oder nur daran denken könnte, es zu malen.

Vincent van Gogh, 1853–1890, in einem Brief von 1889 aus der Provence an seinen Bruder Theo

Wir stehen im Metropolitan Museum of Art in New York und stutzen: Ein kleines Bild, so unscheinbar, dass wir es fast übersehen hätten – Vincent van Gogh, „Die Olivenpflücker", nur 71 x 56 cm groß. Mit feinem Strich hat der unglückliche Maler interessanterweise drei Frauen in langen Kleidern angedeutet. Die eine steht auf einer Leiter mit einem Korb, eine daneben ihr zugewandt, eine dahinter, fast verborgen inmitten der knorrigen Olivenbäume, mit dem Rücken zum Betrachter. Ich recherchiere und erinnere mich an unseren Urlaub 2002 in Saint-Rémy-de-Provence, zwischen Avignon und Arles, wundervoll am Fuß der Alpilles, der kleinen Alpen, gelegen. Hierhin hatte sich van Gogh am Ende seines kurzen 37-jährigen Lebens begeben: Aus Selbstschutz ließ er sich am 8. Mai 1889 in die Irrenanstalt des Klosters Saint-Paul de Mausole einweisen und blieb dort bis zum 16. Mai 1890. Er fand als eine Art Eigentherapie die Olivenbäume rund um das Kloster, die er auf Leinwand zu bannen versuchte.

Olivenernte in der Provence – festgehalten von Vincent van Gogh

Im Banne des Olivenbaums

Heute kann das Kloster mitsamt dem Zimmer, in dem van Gogh wohnte, besichtigt werden. Ebenso einen Besuch wert sind die römischen Ruinen von Glanum gleich nebenan. Zahlreiche Olivenpressen, die man bei Ausgrabungen gefunden hat, zeugen von der jahrhundertealten Tradition des Olivenanbaus in dieser Region. In den hunderten von Olivenbäumen rundherum hat das Kloster Informationstafeln mit van Goghs Motiven aufgestellt – genau in die Blickachse, die der Maler vor über 100 Jahren gehabt haben könnte. Rund 20 Gemälde und zahlreiche Skizzen hat er geschaffen, wie besessen versuchte er, das Besondere des Olivenbaums zu bannen.

Tatsächlich ist der Olivenbaum kein Motiv, das die Impressionisten oder auch Maler anderer Epochen oft gemalt haben.

Pinien und Zypressen sind viel eher der Ausdruck des Mediterranen. Ausnahmen sind biblische Motive wie „Christus auf dem Ölberg". Als van Gogh, inzwischen nach seiner eigenen Einschätzung Olivenbaum-Experte, etwa eine Skizze von Gauguins gleichnamigem Gemälde sah, empörte er sich, dass er das Werk keineswegs schön fände. Und über seinen Malerfreund Emile Bernard meinte er gar, dass der wohl noch nie in seinem Leben einen Olivenbaum in natura gesehen hätte.

Sehr schwierige Farb-Palette

Aber van Gogh interessierten die Bibelthemen sowieso nicht. Er malte zunächst den reinen Baum, um sich dann der Olivenernte zuzuwenden. So heißt es in einem Brief vom 7. November 1889: *„Wenn ich hierbleibe, werde ich nicht versuchen, einen Christus auf dem Ölberg zu malen; viel eher die Olivenernte, so wie man sie noch heute sieht, und wenn ich darin die wahren Verhältnisse der menschlichen Gestalt finde, so kann man dabei an jenes denken."*

Tatsächlich war er in diesem Monat bei der Olivenernte dabei – ob er mit Hand angelegt hat, ist allerdings nicht verbürgt. Wenn er schreibt: *„Diesen Monat habe ich in den Olivengärten gearbeitet."*, meint er wohl eher die Arbeit an der Staffelei.

So knorrig der Baum wächst, so sperrig erweist er sich auch im Hinblick auf die bildnerische Wiedergabe. Besonders die Farbgestaltung trieb van Gogh um:

„Die Ölbäume sind sehr charakteristisch, und ich gebe mir große Mühe, das einzufangen. Es ist Silber, das mal ins Blaue, mal ins Grüne spielt, bronzefarben und beinah weiß auf gelbem, rosa, violettem oder orange Boden, der bis zum stumpfroten Ocker geht … Aber sehr schwierig, sehr schwierig.

Eines Tages mache ich vielleicht etwas ganz Persönliches daraus, wie

ich es mit den Sonnenblumen für die gelben Töne gemacht habe."
Was für eine Farb-Palette! Gemeinhin attestiert man dem immergrünen Baum lediglich noch das silbrige Glänzen der Blatt-Unterseite. Aber ein Malerauge sieht natürlich mehr. Zudem haben die Olivenbäume, die van Gogh stundenlang studierte, offensichtlich eine beruhigende Wirkung auf ihn gehabt. Ihre majestätische Ruhe schien ihm gut getan zu haben.

„Ich könnte sicher eine ganze Serie Olivenbilder machen; nachdem ich sie jetzt so lange betrachtet habe, fühle ich mich wie geschaffen dafür", schrieb er.

Olivenhain mit blauem Himmel

Zwei dieser Bilder, im Juni 1889 entstanden, sind im Amsterdamer Rijksmuseum Vincent van Gogh zu sehen: *„Olivenbäume mit 'Les Alpilles' im Hintergrund"* und *„Olivenhain mit blauem Himmel"*. *„Olivenhain mit pflückenden Figuren"* hängt in der National Gallery of Art in Washington, und eines seiner letzten Bilder, *„Spaziergang im Mondlicht"*, zeigt ein Paar, das durch einen Olivenhain geht. Zu bewundern ist es im Museu de Arte in São Paulo.

Auch van Goghs Impressionisten-Zeitgenosse Pierre Auguste Renoir schrieb übrigens begeistert über den Olivenbaum: *„Schau dieses Licht in den Olivenbäumen, es funkelt wie Diamant. Es schimmert rosa oder blau... und der Himmel, der hindurchscheint, macht einen schier verrückt."*

Aber nicht er wurde zum wichtigsten Olivenbaum-Maler, sondern Vincent van Gogh. Ihn berührte der in sich verknotete Stamm ebenso wie das Flirren der Blätter im tiefsten Inneren. Und deshalb benutzte er den Olivenbaum auch nicht nur als Hintergrund, sondern als zentrales Motiv.

Olivenöl aus der Provence

Im nahen Tal von Les Baux-de-Provence in den Alpilles, in dem wunderschöne Olivenhaine gedeihen, wird noch heute exzellentes Olivenöl hergestellt. Hier im Vallée bekennt man sich passend zu van Goghs Farbenvielfalt zu einer reichhaltigen Geschmacksvielfalt: Pilz-, Unterholz- und Kakao-Aromen im Öl aus den schwarzen Oliven, Kräuter-, Artischocken- und Johannisbeer-Noten aus den grünen. Die Besonderheit dieses Olivenöls mit der geschützten Bezeichnung Appellation

Alte Olivenbäume in der Provence

d'Origine Protégée (AOP) „Vallée des Baux-de-Provence" ist die Mischung verschiedener Olivensorten: Salonenque, Béruguette, Verdale und Grossane.

Ob van Gogh dieses Olivenöl je gekostet hat, kann man nur vermuten. Es ist aber eine schöne Vorstellung, den Maler zufrieden über einen Teller mit leuchtendem Gemüse gebeugt zu sehen, wie er von einer Klosterschwester gefragt wird, ob sie noch etwas Olivenöl darüber träufeln dürfe. Und es wäre ein schönes Motiv für ein Gemälde.

Die Olivenbauern – robust und fortschrittlich

Die Olivenbauern – robust und fortschrittlich

MITTELMEERKOST SORGT FÜR LANGES LEBEN

Wer gut isst, lebt besser – Mangiare bene per stare bene – How to eat well and stay well the mediterranean way.

Hauptwerk von Ancel Benjamin Keys, 1904–2004, amerikanischer Ernährungswissenschaftler und offizieller Entdecker der Mittelmeer-Diät

Bruno, der Bio-Pionier und die Kreta-Kost

Ich hasse Fliegen, kommt schnell rein." Mit einer energischen Bewegung schließt Bruno die schwere Eisentür hinter uns. Wir gehen durch einen Kellerraum mit großer Waage und einigen leeren Olivenöl-Kanistern. Bruno nimmt seinen weißen Kittel vom Haken und stülpt sich eine weiße Haube über die ebenso weißen Haare, die ihm etwas wild vom Kopf abstehen.

Er öffnet die nächste Metalltür und lässt uns in sein Olivenöl-Reich: 500 Liter-Behälter aus Edelstahl, die in konstant 16 Grad ihre grün-goldene Flüssigkeit frisch bewahren, stehen hier ebenso wie in einem Regal fertig abgefüllte Flaschen. An der Wand zahlreiche Urkunden für seine preisgekrönten Olivenöle, von Slow Food und regionalen Wettbewerben in den Marken. Erste Handlung in diesem Raum: Bruno wäscht sich die Hände. Hygiene ist alles, wenn man mit Lebensmitteln umgeht. Das hat Bruno verinnerlicht. Sein Hass auf Fliegen gilt nicht nur der Olivenfliege, die alljährlich die Ernte seiner

700 Olivenbäume bedroht, sondern ebenso der gemeinen Stubenfliege. Auch in seinem angrenzenden Wohnhaus gibt es überall Fliegengitter an den Fenstern und an den Türen.

Leidenschaft für gesunde Lebensmittel

Bruno Amurri, im Olivenernte-Monat November 1944 in Petritoli in den Marken geboren, steht mit seinen inzwischen fast 80 Jahren immer noch jeden Tag auf seinen Feldern, auf denen er den Ur-Hartweizen „Saragolla Turchesco Khorosan" anbaut, den die Amerikaner als Kamut vermarkten. Oder er inspiziert seine Olivenhaine. Bei der rund sechswöchigen Ernte im Herbst helfen ihm nicht etwa seine beiden kräftigen Söhne, sondern zwei Arbeiter, die er als Saisonkräfte beschäftigt. Einer der Söhne ist als Entwicklungshelfer unterwegs; der andere, mit Mitte 40 immer noch unverheiratet zu Hause wohnend und damit ein typischer *mammone*, wie die Muttersöhnchen in Italien genannt werden, hilft dem Vater wenigstens bei der Büroarbeit. Aber dessen Leidenschaft für gesunde Lebensmittel hat er nicht geerbt.

Bruno füllt aus seinen Edelstahltanks Olivenöl ab und pumpt sofort den entstehenden Sauerstoff ab.

Immerhin ernährt er sich gesund. Dafür sorgt schon seine Mamma, Brunos Frau Livia, nach der auch ein preisgekröntes Amurri-Olivenöl benannt ist. Sie kocht ausschließlich wunderbar schmackhafte Khorosan-Pasta – ob als Spaghetti, Tagliatelle, Penne, Rigatoni oder Caserecce – , zaubert Suppen aus dem eigenen Gemüsegarten und backt ihr Brot aus dem selbstproduzierten Khorosan-Vollkornmehl. Dazu gibt es natürlich stets Olivenöl aus der eigenen Produktion. Selten steht Fleisch auf dem Speiseplan; wenn, dann von eigenen Lämmern oder vom marchegianischen weißen Rind des Nachbarbauern.

Tutto naturale

Brunos Familie gehörte in den 1950er Jahren mit 18, 19 Hektar Land zu den Großgrundbesitzern. Sie waren *padroni* mit zwei *mezzadri*, Lehensbauern, die die Hälfte des Ertrags, *la mezza*,

In seine Olivenbäume steigt Bruno auch noch mit fast 80 Jahren!

abgeben, die andere für sich behalten konnten. Auch die Hälfte des Olivenöls. Verständlich, dass damals besonders spät im Jahr geerntet wurde, denn sehr reife Oliven geben mehr Öl. Es kam auf Quantität, nicht auf Qualität an.

Es war klar, weil so üblich, dass Sohn Bruno den Hof übernehmen sollte. Aber der war zu wissbegierig. Er studierte und wurde Lehrer für Biologie-Wissenschaften, Mathematik und Technologie, arbeitete sogar im fernen Turin. Als in den 70er Jahren aufgrund des *boom economico* der Exodus vom Land in die Städte begann, da gingen auch die Arbeiter seines Vaters. Bruno musste kommen und mit anpacken, auch bei der Olivenernte.

Ein Schlüsselerlebnis für seine Vorreiter-Rolle im biologischen Anbau war die Lungenerkrankung eines der letzten Arbeiter auf dem Hof. „*Der hat auf den Feldern Insektizide wie Kölnisch Wasser verwendet und zum Schluss ein Loch in der Kehle gehabt*", berichtet Bruno. Da habe er zu seinem Vater gesagt: „*Ich komme zurück, aber wir machen alles natürlich, tutto naturale.*" Denn von seinem Studium wusste er: Chemie hat in der Landwirtschaft nichts zu suchen. Sie hat auch langfristig negative Auswirkungen auf den Menschen.

Nur heimische Olivensorten

1975 also übernahm Bruno den Hof und hat gleich das Potential der 10 Hektar unterhalb des Hauses gesehen: „Da standen vereinzelte riesige, jahrhundertealte Olivenbäume. Es hat mich ungeheuer fasziniert, dass so ein Baum so alt ist, dass er uns eigentlich etwas über unsere Existenz erzählen könnte." Bruno kommt ins Schwärmen, wird fast poetisch. *„Als ich vor einigen Jahren in Rom war, habe ich einen rund 1000 Jahre alten Baum voller Respekt umarmt und hatte das Gefühl, er könne uns etwas übertragen, uns Ruhe und Unterstützung geben."*

Bei aller Poesie ist Bruno durchaus auch Pragmatiker. Die alten Olivenbäume waren zwar schön, aber schwer zu ernten und viel zu versprengt. Also pflanzte der junge Olivenbauer Bruno Amurri damals 330 neue Olivenbäume in Reih und Glied. Er entschied sich ausschließlich für heimische, d. h. autochthone Sorten wie Raggia, Piantone di Mogliano, Lea, Sargano di Fermo, Carboncella. 1980 gab es die erste Olivenernte, seit 1985 lässt er sein Olivenöl beim *frantoio* Agostini in Petritoli pressen. *„In den ersten Jahren hatten wir nämlich tolle Oliven, aber schreckliches Olivenöl. Da habe ich nachgeforscht, woran das liegen könnte."*

Die Ursache fand Bruno bald heraus: Oxidation, d. h. zu viel Sauerstoff-Zufuhr, und zu starke Erhitzung in der altmodischen Presse mit Matten und rotierenden Steinscheiben sorgten für Fermentation. Es war die Zeit, als bei fortschrittlichen Betrieben ein Umdenkungsprozess einsetzte und neue Maschinen, etwa von Pieralisi aus Jesi, Marken, die Olivenöl-Herstellung revolutionierten. Aber es dauerte, bis die traditionsbewussten Bauern von deren Vorteilen überzeugt waren.

Khorosan oder Saragolla – grano duro – Hartweizen

Um die Herkunft dieses Vorfahren des heutigen Hartweizens ranken sich viele Legenden. Die meisten besagen, das Korn käme aus dem alten Ägypten und leitet sich ab vom altägyptischen Wort "Ka' moet", übersetzt „Korn" oder „Seele der Erde". Neuere Forschungen vermuten eher eine Ableitung vom altpersischen Wort „Chorasan", das „Land der aufgehenden Sonne" bedeutet. Somit würde Khorosan aus dem Iran stammen.

Sicher ist jedenfalls, dass die Amerikaner die Wiederentdeckung für sich reklamieren (1977) und inzwischen daraus das eingetragene Warenzeichen Kamut gemacht haben (1990). Bruno Amurri erzählt jedoch, dass diese Weizensorte in den 50er Jahren auch in Italien sehr verbreitet war, aber dann vom Industrieweizen verdrängt wurde. Sowohl die Khorosan-Pflanze als auch die Körner sind fast doppelt so groß wie herkömmlicher Weizen, und der Gehalt an Eiweiß, ungesättigten Fettsäuren, Aminosäuren, Vitaminen (z. B. Vitamin E) und Mineralstoffen wie Selen, Magnesium und Zink ist 20 bis 40 Prozent höher als bei anderen Weizensorten. Da das Korn schlecht auf Kunstdünger und Schädlingsbekämpfungsmittel anspricht, stammt es ausschließlich aus kontrolliert-biologischem Anbau. Was für ein Segen!

In unseren Breitengraden findet man Kamut-Produkte in Reformhäusern und Naturkostläden. Khorosan-Kamut-Weizen ist ähnlich zu verarbeiten wie Dinkel. Seine Klebereigenschaften sind besonders gut geeignet, um aus seinem Mehl Brot zu backen. Das hat dann ähnlich wie Brunos Pasta aus Khorosan einen herzhaften Geschmack. Und darüber nur Olivenöl gießen – herrlich!

Wiege der Mittelmeer-Kost

Bei Bruno bedurfte es keiner großen Überzeugungsarbeit. Er war auch hier Vorreiter, setzte auf Qualität statt Quantität und blieb wissbegierig. Anfang der 90er Jahre besuchte er die ersten Kurse als Olivenöl-Verkoster und veranstaltete schließlich 1999 seinen ersten eigenen Degustationskurs. Damals entstanden die ersten Qualitätswettbewerbe. Gleich beim ersten gewann Bruno den ersten Preis – von 35 Olivenöl-Produzenten der Provinz Ascoli Piceno.

Er war und ist stolz auf das Geleistete, aber nicht aus Eitelkeit, sondern weil er eine Mission hat: *„Olivenöl ist ja ein Pfeiler der mediterranen Kost. Es enthält außerordentliche Substanzen für eine gesunde Ernährung. Ich möchte nicht einfach nur Kalorien in Form von Fett zu mir nehmen und verkaufen, sondern mich und meine Kunden gesund ernähren."* Spricht's und reicht uns ein Glas mit frischem Olivenöl: Wir schnuppern, schlürfen, schlucken – und husten. Denn natürlich ist Brunos Olivenöl in der Nase fruchtig, im Mund bitter und im Rachen scharf. Bei „normalen" Verkostungen mildert ja das dazu gereichte Weißbrot diese untrüglichen Qualitätskriterien, an die unser Gaumen lange nicht gewöhnt war.

Und dann erzählt Bruno die Geschichte von Ancel Keys, dem US-Forscher mit seiner berühmten „7-Länder-Studie", die den Siegeszug der mediterranen Ernährungsweise, der so genannten Mittelmeer-Diät**, einläutete. *„Er war hier!"* Wie bitte? *„Ja, ein Dorf in den Marken, Montegiorgio in unserer Nachbarprovinz Fermo, gehörte zu seinen Musterorten, in denen er die Ernährungsgewohnheiten der Bewohner studierte. Die ca. 700 Bewohner von Montegiorgio zeigten gar kein Übergewicht und wie die von Kreta viel weniger Herz-Kreislauferkrankungen als etwa die amerikanische Bevölkerung."*

Mittelmeer-Kost: Olivenöl und ein Glas Rotwein

Diese gesunde Ernährungsform wird sowohl Mittelmeerküche als auch Kreta-Diät genannt, weil verschiedene Studien ergeben haben, dass die Mittelmeer-Völker, insbesondere die Bewohner der griechischen Insel Kreta, besonders gesund sind. Tatsächlich leiden sie seltener an Herz-Kreislauf-Erkrankungen und werden älter als die durchschnittliche westliche Bevölkerung. Inzwischen haben sich die Ernährungsgewohnheiten der einst so vorbildlichen Italiener, Spanier und Griechen leider von ihren Traditionen entfernt. Auch sie leiden „dank" Fast Food an so genannten Zivilisationskrankheiten wie Übergewicht, Bluthochdruck und Diabetes.

Die ursprünglichen Erkenntnisse basieren auf der so genannten „7-Länder-Studie" des Ernährungswissenschaftlers Ancel Benjamin Keys aus den 50er und 60er Jahren. Über einen Zeitraum von 15 Jahren untersuchte er die Häufigkeit von Gefäß- und Krebserkrankungen. Auf Kreta war etwa Arteriosklerose unbekannt, auch Herzinfarkte gab es deutlich weniger. Der Wissenschaftler gelangte zu der Überzeugung, dass die Ernährung dabei eine große Rolle spielte: Vor allem dem reichlich verwendeten Olivenöl wird noch heute gesundheitsfördernde Wirkung zugeschrieben, da es den Cholesterinspiegel nicht erhöht. Hinzu kommen: viel Gemüse, Salat, Obst, Knoblauch, wenig (rotes) Fleisch, eher Fisch – und täglich ein Glas Rotwein.

Kritiker meinen, das Leben eines kretischen oder italienischen Bauern sei nicht vergleichbar mit einem deutschen oder amerikanischen Büromenschen, der in einer lauten Stadt lebe. Aber auch die könnten sich ja durchaus mit Olivenöl & Co. ernähren, nach dem Motto von Keys „Wer gut isst, lebt besser." *Oder nach dem Motto des italienischen Edel-Supermarkts „Eataly" von Oscar Farinetti: „La vita è troppo breve per mangiare e bere male." Das Leben ist zu kurz, um schlecht zu essen und zu trinken!*

Ein Amerikaner in Italien

Das war 1964 – und Bruno bereut es noch heute, dass er den berühmten Mann, der wenige Monate in seiner Nachbarschaft gelebt hat, nicht persönlich kennenlernen konnte. Keys hatte sich bereits 1963 in Italien verliebt und 40 Jahre lang zusammen mit seiner Frau Margaret im kleinen Ort Pioppi im süditalienischen Cilento gelebt. Er war das beste Beispiel für seine eigenen Forschungsergebnisse: Dank mediterraner Kost mit viel Gemüse und Olivenöl starb er kurz vor seinem 101. Geburtstag. In Pioppi existiert noch heute ein kleines Museum über die Mittelmeer-Diät zu seinen Ehren. Bei Brunos gesunder Lebensweise könnte es gut sein, dass er genauso lange lebt wie sein Vorbild.
Zum Abschluss unseres Besuchs fragen wir ihn, ob er denn gut von seinem Olivenöl- und Pasta-Verkauf leben könne. Bedächtig zieht er sich seine weiße Arbeitskleidung aus, schließt sorgfältig die Tür hinter seinem Olivenöl-Reich und antwortet schlicht mit einem leisen Lächeln: *„Große Gewinne gibt es nicht, aber große Zufriedenheit."*

Tiziano, Baumschnitt-Meister mit „Goldener Schere"

Der wichtigste italienische Wettbewerb im Olivenbaumschnitt kürt seine Meister alljährlich mit einer Goldmedaille, die passend zum Wettbewerb *Forbici d'oro* (dt.: Goldene Schere) genannt wird. Bio-Olivenbauer Tiziano Aleandri war seit 2007 wiederholt regionaler Meister, um 2011 schließlich die nationale Meisterschaft zu gewinnen. „Danach durfte ich nicht mehr teilnehmen", sagt er bedauernd. Aber es wollen ja auch andere, z. B. seine Schüler, einmal die Chance auf den Titel haben.

Meisterlicher Baumschnitt – Tiziano sorgt für Luft und Licht

Wie wichtig der Olivenbaumschnitt ist, haben wir tatsächlich von Tiziano gelernt – und lassen unsere Olivenbäume immer noch lieber von ihm schneiden, obwohl wir ihm schon öfter auf die Finger bzw. auf die große „Schere“ bzw. Handsäge geschaut haben. Aber zu kompliziert erscheint uns immer noch die Qual der Wahl zwischen den Ästen, die wir nach oben wachsen lassen und denen, die wir abschneiden sollten. Schaut man Tiziano bei seinem Selektionswerk zu und sieht die reich verzweigten Äste mit ihren immergrünen Blättern rund um den Baum fallen, kommen mir manchmal fast die Tränen. Da wird aus einem üppig aussehenden, schönen Baum in wenigen Minuten ein armseliges Gerippe mit vier, fünf „Antennen“ nach oben.

Offenes Gefäß statt Radikalrasur

„*Aria e luce*", erklärt Tiziano geduldig. Luft und Licht. Das braucht der Olivenbaum. *Vaso policonico* nennt man diesen modernen Schnitt. Frei übersetzt: ein in der Mitte offenes, mehrkegeliges Gefäß. Die Form eines derart beschnittenen Baums ist unverkennbar und unterscheidet sich deutlich von der früher vorherrschenden Radikalrasur. Die Vorteile von auf diese Weise regelmäßig gepflegten Bäumen: mehr und gleichmäßigerer Ertrag, leichteres Ernten. Da Tiziano selbst Herr über 1900 eigene Olivenbäume ist und sein exzellentes Bio-Olivenöl bevorzugt nach Großbritannien verkauft, weiß er, wovon er spricht.
Tiziano ist im Olivenernte-Monat Oktober 1971 in eine typische Bauernfamilie in Offida, der Spitzenklöppel-Stadt der Marken, hineingeboren worden. Sein Großvater war noch *mezzadro*, also Lehensbauer, der die Hälfte der Ernte, *il mezzo*, dem *padrone*, dem Großgrundbesitzer, abgeben musste. Aber Tizianos Vater Luigi, einem energischen und sturen Mann, passte die Abhängigkeit nicht mehr, die erst 1974 offiziell in Italien abgeschafft wurde. Sukzessive kaufte er zusammen mit seinem Bruder Land, wurde selbstständig.

Kirsch- und Olivenbäume

Seine hart erarbeiteten Investitionen lohnten sich. Als der kleine Tiziano geboren wurde, waren sein Papa und sein Onkel Emilio selbst bereits Großgrundbesitzer: *„Mit 100 Hektar Land hatte unsere Familie den größten landwirtschaftlichen Betrieb im Piceno"*, erzählt er. Dazu gehörten Getreidefelder, Weinberge, Rinder – und ca. 150 Olivenbäume. Das Olivenöl, das sie lieferten, war aber nur für den persönlichen Bedarf der großen Familie bestimmt.

Tiziano begutachtet einen Steckling

Der Um- und Aufschwung kam 1989/90 mit einem segensreichen landwirtschaftlichen Entwicklungsplan für die Region: *piano di sviluppo rurale (PSR)*. Damals gab es üppige öffentliche Fördermittel für verschiedene Sektoren. Die Familie Aleandri entschied sich für den Sektor Holz, in Form von Kirschbäumen, und den Sektor Olivenöl. *„Es gab wirklich null Bürokratie. Es war alles ganz einfach"*, erinnert sich Tiziano. *„Ich habe geholfen, die ersten Olivenbäume zu pflanzen. Der Zusammenhalt und die Wärme untereinander, das hat mir total gefallen."* Kein Wunder, dass er das eher technische Studium der Agrarwissenschaft im vierten Jahr ohne Diplom abbrach.

Verliebt in das Schneiden der Olivenbäume

Inzwischen hatten sich Papa und Onkel im Guten voneinander getrennt: *„Emilio hat sich mit seiner Landhälfte auf die Aufzucht des weißen marchegianischen Rinds konzentriert, das von der Qualität vergleichbar mit dem toskanischen Chianina-Rind ist. Er betreibt noch heute in Borgo Miriam eine erfolgreiche Metzgerei"*, erzählt Tiziano. Er und sein Vater dagegen pflanzten auf vier Hektar 900 Olivenbäume – und legten damit den Grundstock für den heutigen Betrieb. Das taten sie ganz akkurat, wie man das auch heute noch macht: Die ca. zweijährigen Mini-Bäumchen werden im Abstand von sechs Metern zueinander gepflanzt, und zwar in Reihen, die sieben Meter Abstand voneinander haben sollen. Bei den alten Bäumen seines Vaters stellte Tiziano bald Unwirtschaftlichkeit fest: *„Wir bezahlten Arbeiter, die den Baumschnitt machten, Arbeiter, die die Oliven ernteten, und wir bezahlten für die Ölmühle. Da blieb nach dem Verkauf an Freunde und Bekannte eigentlich nichts hängen."* Tatsächlich hat ihn sein Vater ermuntert, Olivenbaum-Schneidekurse zu besuchen. Seinen Drang nach Freiheit und Selbstständigkeit hat er an den Sohn vererbt. Tiziano fing Feuer: *„Ich habe mich wirklich verliebt in das Schneiden der Olivenbäume!"*, lacht er.

Der Widerspenstigen Zähmung

In den Fortbildungskursen lernte er, dass ein zehn Jahre alter, gut gepflegter Baum nicht in einem Jahr zehn und im nächsten 50 Kilo Oliven tragen sollte, sondern jedes Jahr zuverlässig 35 Kilo bringen könnte. Fortan kümmerte er sich selbst um die Olivenbäume, lernte, wie die Lymphe, der Lebenssaft, durch die Stämme fließt, dass man diesen Strom klug lenken kann und aufpassen muss, dass der Baum seine Energie in die Früchte, nicht in schönes Blattwerk steckt. „Wollt Ihr Blätter oder Oliven ernten?", fragte er scherzhaft, als wir etwas zweifelnd zuschauten, wie die widerspenstige Wildnis gezähmt wurde. Ganz nebenbei folgte die Information, dass immer nur die Triebe des Vorjahres Früchte tragen, nicht die frisch geschnittenen Äste. Wir befürchteten Schlimmes, wurden aber tatsächlich mit einer guten Ernte belohnt! Unser Vertrauen hatte sich gelohnt. Und so war es auch in der Vergangenheit in der Familie Aleandri gewesen.

Tiziano kümmerte sich damals nämlich nicht nur um den Baumschnitt seiner alten und neuen Olivenbäume, sondern schaffte auch 1997 die erste eigene Ölpresse an. *„Bis dahin*

Sobald sich Knospen bilden darf der Olivenbaum nicht mehr beschnitten werden.

sind wir immer nach Offida in die alte Steinmühle gefahren. Aber inzwischen hatte ich gelernt, dass zwar der Baum Luft und Licht braucht, aber das Olivenöl den Kontakt genau damit vermeiden muss." Wie oft hatte man das Öl früher unachtsam in durchsichtige Flaschen, gar Plastikflaschen abgefüllt, erinnert er sich. Dunkle Flaschen mussten her und eben eine neue Maschine, in der die Oliven luftdicht abgeschlossen zerkleinert und zu Olivenbrei werden, der anschließend, ebenfalls ohne Kontakt mit Sauerstoff, zentrifugiert wird.

Schockierend gutes Öl

Tiziano hatte inzwischen auch seine ersten Verkostungsseminare besucht und wusste, wie gutes, qualitativ wertvolles Olivenöl extra vergine schmecken musste. Mit dem Ergebnis des

Der Olivenbaum im Wandel der Jahreszeiten

Winter

Ruhe-Zeit. Der Olivenbaum verliert auch im Winter seine Blätter nicht, er ist immergrün. Er erholt sich von der Ernte im Herbst und wird vom Olivenbauern in Ruhe gelassen.

Frühjahr

Baumschnitt-Zeit. Auf keinen Fall zu früh schneiden! Unbedingt mögliche späte Frosttage abwarten. Der Baumschnitt hat den Sinn, dass die Kraft aus den Wurzeln an warmen Tagen nun in die verbliebenen Äste und Triebe gelenkt wird. Der späteste Zeitpunkt für den Schnitt ist die beginnende Blüte.

Frühsommer

Blüte-Zeit. Die Blüten sind weißlich-gelblich und hängen in dichten Trauben oder Rispen an den Ästen. Sie werden ausschließlich durch den Wind bestäubt. Leider entsteht nicht aus jeder Blüte eine Olive! Aber im Frühsommer beginnt die Verwandlung. Oliven-Früchte wachsen allerdings nur an den Trieben des Vorjahres, die einen Durchmesser von ca. 20 bis 50 mm haben. Je dicker die Äste, desto weniger Oliven tragen sie. Dummerweise schießt jetzt auch das Unkraut zwischen den Bäumen buchstäblich „ins Kraut" und nimmt den Wurzeln das sowieso bald weniger werdende Wasser. Der Olivenbauer fährt deshalb mit dem Häcksler durch den Hain und pflügt das Gestrüpp unter. Quasi eine natürliche Gründüngung.

Sommer

Früchte-Zeit. Die grünen Früchte entwickeln sich dank der Sonne zu ihrer angestrebten Größe. Ab August härtet sich

der Samen im Inneren zum Kern. Glücklicherweise stellt das Unkraut in sehr heißen Monaten das Wachstum ein. Aber jetzt droht die Olivenfliege zuzuschlagen, weil die immer fleischiger und dicker werdenden Oliven einen prima Hort für ihre Larven abgeben. Es gilt, mit biologischen Mitteln gegenzusteuern. Ein richtig wirksames, ökologisch vertretbares Mittel gibt es allerdings nicht. Somit sieht der Olivenbauer häufig machtlos zu, wie die ersten Oliven schwarze Einstichlöcher bekommen und bald abfallen. Jetzt bleibt nur noch die Hoffnung, dass einige widerstandsfähige, weil härtere Sorten den Attacken standhalten. Der Olivenbauer häckselt ein letztes Mal das Unkraut-Gestrüpp unter den Bäumen weg, damit man bequem die Ernte-Netze ausbreiten kann.

Herbst

Olivenernte-Zeit. Die Oliven wechseln ihre Farbe von grün über violett zu schwarz. Sehr früh, von rein grünen Oliven geerntetes Olivenöl ist sattgrün und schärfer im Geschmack, sehr spätes Olivenöl ist eher gelblich und milder im Geschmack. Je nach Gegend wird von Oktober bis Dezember geerntet, in seltenen Fällen noch später.

ersten Olivenöls aus eigener Presse war er zufrieden. *„Ich wusste, wir waren auf dem richtigen Weg."* Aber dann der Schock: Die üblichen Kunden kauften das Aleandri-Olivenöl wie eh und je – und blieben im nächsten Jahr plötzlich weg! Was war geschehen? *„Wir telefonierten einige Käufer ab und hörten ein peinlich berührtes Rumgedruckse, aus dem wir entnahmen, dass sie den Unterschied bemerkt, aber nicht gut gefunden haben."* Die Bekannten und Freunde waren dermaßen an „schlechtes", eher süßliches Olivenöl gewöhnt, dass sie die neuen Nuancen in Richtung Bitterkeit und Schärfe ablehnten.

„Das war hart", erinnert sich Tiziano. *„Auf einen Schlag saßen wir auf ca. 300 Litern Olivenöl, für die wir erst langsam neue Kunden finden mussten."* Sein zur Cholerik neigender Vater war außer sich. Doch Tiziano konnte ihn überzeugen, den eingeschlagenen Weg weiterzugehen.

Eigenes Olivenöl-„Labor"

Der nächste Schritt war die Umstellung auf Bio zur Jahrtausendwende 2000/2001. *„Mein Vater hatte zwar bis dahin konventionell gewirtschaftet, aber er ließ sich überzeugen, dass der Respekt vor der Natur es gebietet, ein Naturprodukt nicht chemisch zu verunreinigen."* Umweltschutz und -pflege im besten Sinne. Als er für sein Bio-Olivenöl die ersten Preise gewann, war Tiziano glücklich – und seitdem hat er keinerlei Probleme mehr, Kunden für sein Olivenöl zu finden! Tatsächlich gibt es seit 1999 in Fano alljährlich den Wettbewerb „L'Oro delle Marche" (dt.: Das Gold der Marken), veranstaltet von L'Olea, der Organisation der Verkostungsexperten. Und hier gewinnt Tiziano alljährlich erste Preise in den verschiedenen Kategorien.

2006 trat ein weiterer Entwicklungsplan PSR in Kraft, der es Tiziano finanziell ermöglichte, neue, moderne Maschinen zur Olivenöl-Gewinnung zu kaufen und dafür ein kleines Gebäude neben dem elterlichen Wohnhaus zu errichten, das innen

aussieht wie ein Olivenöl-Labor. Als wir dies das erste Mal sahen, waren wir etwas enttäuscht. Denn auch wir hatten die romantische Vorstellung, dass wir dabei zusehen könnten, wie mahlende Mühlsteine unsere Oliven in Olivenöl verwandeln. Dass sich das mittlerweile in verschlossenen Edelstahlbehältern abspielt, entzaubert den Vorgang etwas.
Aber als uns Tiziano in seinem kleinen Verkaufsraum zwei verschiedene Becher mit Olivenöl zum Kosten reichte und uns aufforderte, nur zu riechen, waren wir sofort überzeugt: Wir rümpften die Nase über minderwertigem Olivenöl und sogen begeistert den typisch fruchtigen Olivengeruch seines Olivenöls ein. Tiziano freute sich, dass wir das erkannten, denn seine größte Enttäuschung ist, dass viele Bauern sich nicht wie er weiterentwickeln wollen. Auch bei seinen Baumschnitt-Empfehlungen rennt er oft buchstäblich gegen knorrige Stämme an, die beharrlich an Traditionen festhalten.

Antonio, der Umsteiger mit Vorliebe fürs Scharfe

Auf einmal hörten wir ihn nicht mehr: den stets zu Unzeiten krähenden Hahn. Er und seine Gefährtinnen hatten uns zu jeder Jahreszeit mit ihrer Geräuschkulisse begleitet. Was war geschehen? Antonio Germani alias Tony, unser Nachbar, zuckte die Schultern: *„Ha vinto l'olio d'oliva." – „Das Olivenöl hat gewonnen."* Das hieß: Er hatte seine Bio-Hühner verkauft und widmete sich fortan nur noch seinen inzwischen 180 Olivenbäumen. Kein Wunder, denn mittlerweile gewinnt sein reinsortiges Olivenöl jedes Jahr Preise, und dank des Internets erreichen seinen Online-Shop sogar Anfragen aus Japan oder Indien. Aber der Versand dorthin verbietet sich angesichts der Speditionskosten. Nach England habe er aber dann doch einmal ein Paket mit seinem Bio-Olivenöl verschickt, erzählt er stolz.

Nachbarschaftslieferung: Tony bringt uns einen Kanister seines Olivenöls vorbei.

Tonys Weg zum Olivenbauern ist eher ungewöhnlich – und erzählt gerade deshalb einiges über die Faszination des Olivenöls: Antonio, Jahrgang 1963, studierte Elektrotechnik und betrieb jahrelang zusammen mit seinem Vater ein Geschäft für Haushaltsgeräte und Computer. Als der Vater zu alt wurde und Tony in Marcella im Alter von 37 Jahren endlich eine Ehefrau fand, stand eine Entscheidung an. Gegen den Wil-

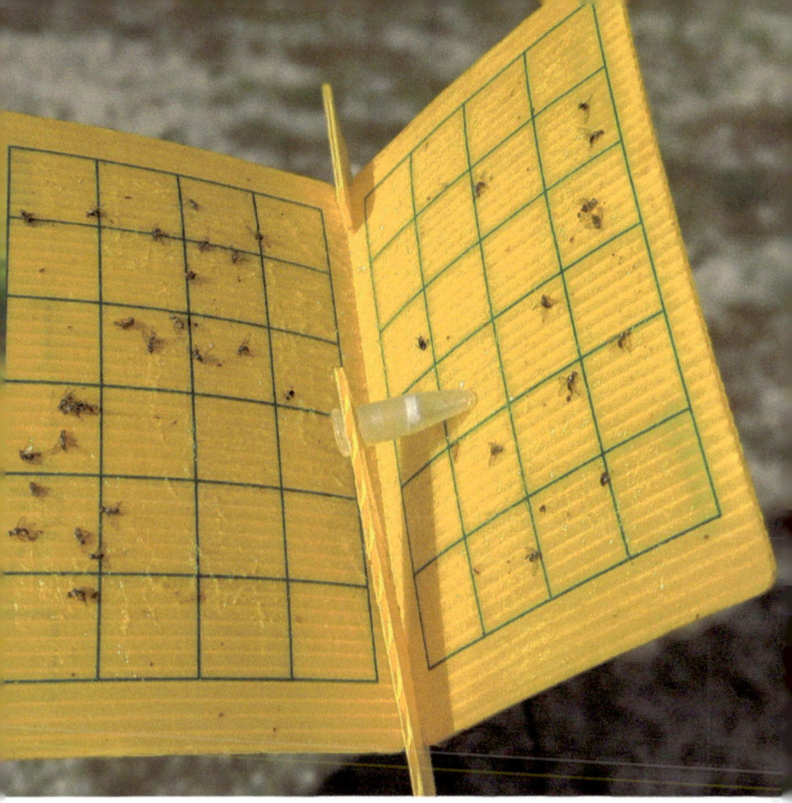

Tony ist unser Monitoring-Experte: Verstreut in einigen Bäumen hängt er diese Klebefallen auf. Die Farbe Gelb und der Lockstoff in der kleinen Ampulle ziehen die Olivenfliegen an. Sobald mehr als diese paar kleben bleiben, schlägt der Olivenbauer Alarm!

len der Zukünftigen kaufte er ein aufgegebenes Bauernhaus, baute es neu auf und fing mit seiner kleinen Hühnerfarm an. Sicherheit boten Marcellas Anstellung als Sprachenlehrerin und das vermietete Ladengeschäft in Grottammare, das zum Bar-Restaurant umfunktioniert worden ist, in dem – natürlich - auch Tonys Olivenöl angeboten wird.

Mama kochte mit ranzigem Öl

Auf dem drei Hektar großen Grundstück standen 20 Olivenbäume, die völlig ungepflegt gerade einmal Olivenöl für den eigenen Bedarf lieferten. Wie oft üblich ließ er die Ernte von einem erfahrenen Olivenbauern machen und teilte sich mit diesem den Ertrag. Immerhin pflanzte er noch zusätzlich 30 Bäume mit den autochthonen Sorten Carboncella und Sargano – *„einfach weil noch Platz war"*, erzählt er. Denn die Passion für das Olivenöl war ihm überhaupt nicht in die Wiege gelegt worden: *„Mein Vater war Schuhmacher, meine Mutter Schneiderin. Natürlich gab es in unserer Küche Olivenöl, aber garantiert fehlerhaftes"*, lacht Tony und denkt dabei an ein Erlebnis am Anfang seiner dreijährigen Abendkurs-Ausbildung zum offiziellen „Verkostungsexperten für Öle": *„Eine der Geruchsproben, die wir erkennen sollten, erinnerte mich an die gekochten Bohnen meiner Mama. Der Lehrer lobte mich und meinte trocken: Klar, Ihre Mutter hat garantiert mit ranzigem Olivenöl gekocht. Denn nichts anderes ist dieses hier."*

Schwere, körperliche Arbeit

Im Mini-Garten seiner Eltern hatte der junge Tony immerhin eine Leidenschaft entwickelt, die ihm später auch bei den Olivenbäumen helfen sollte: *„Ich züchtete Bonsai-Bäumchen und hegte und pflegte sie liebevoll. Als ich auszog, hat meine Mutter sie mit viel Wasser buchstäblich ertränkt!"* Die fein säuberlich in Form geschnittenen Mini-Bäumchen passen sehr gut zum mehr als akkuraten Tony, der sich somit einen Olivenbaum-Schneidekurs erspart hat.

Nach einigen Jahren bot sich ihm die Gelegenheit, noch weitere fünf Hektar Land vom Nachbarn hinzuzukaufen. Auch dieses Gelände mit weiteren 130 Olivenbäumen war vom Vor-

Rezept von Antonio Germani, La Casetta Bio

Eintopf aus grünen Bohnen à la mamma – mit Carboncella-Olivenöl

Die Zubereitung ist ganz einfach: Die grünen Bohnen putzen und waschen, in reichlich Salzwasser kochen. Sobald sie weich sind, abtropfen lassen und mit Zitronensaft und reinsortigem Carboncella-Olivenöl anmachen. Wenn man eine pikante Note möchte, füge man einen kleinen Spritzer Peperoncino-Öl Hot Lemon hinzu.

besitzer schon länger nicht mehr gepflegt worden. Das passiert leider immer häufiger, weil die Olivenbauern zu alt sind und die junge Generation kein Interesse an der schweren körperlichen Arbeit hat. Unser anderer Nachbar hat zwei kräftige Söhne, die erst mit einem Taschengeld zu locken waren, uns, ihrem Vater und der Oma bei der Ernte zu helfen.
„Anfangs habe ich es mit der Familie und Freunden versucht“, berichtet Tony schmunzelnd, *„aber die haben lieber im Schatten unter den Bäumen gelegen oder mir aus Unachtsamkeit die Oliven in den Netzen zertreten“*. Also engagierte er Arbeiter und kümmerte sich selbst um die Bäume – das ganze Jahr wohlgemerkt.

Unverwüstlicher Olivenbaum

Denn eigentlich ist so ein Olivenbaum ein wild wuchernder Strauch und bedarf der kultivierenden Menschenhand. Auch das Unkraut am Boden wächst leider in mediterranen Gefilden schneller als so manches neu gepflanzte Olivenbäumchen, das übrigens erst frühestens nach fünf, sechs Jahren

Oliven trägt. In den Anfangsjahren muss es gewässert werden. Hat es erst einmal Wurzeln geschlagen, ist es unverwüstlich und zumindest in puncto Wasser anspruchslos.

Tony jedenfalls lernte schnell, wandte seine Bonsai-Techniken auf die hundertmal größeren Bäume an – ein Olivenbaum kann bis zu 20 Meter hoch werden – und hatte Erfolg. Seine ersten Kunden waren natürlich die Abnehmer seiner Bio-Hühnchen und Bio-Eier, aber bald vergrößerte sich sein Kundenkreis und Tony begann zu experimentieren.

Scharfes Peperoncino-Öl

Seine zweite Leidenschaft sind nämlich Peperoncini, die kleinen scharfen Paprikaschoten, die er in einer ungeheuren Vielfalt anbaut und über die er ein Buch geschrieben hat. Er legte sie in sein Olivenöl ein und entdeckte, wie und wann sich verschiedene Schärfegrade entwickeln. Auch da kam ihm zugute, was seine Lehrer ihm bereits im Verkoster-Lehrgang attestiert hatten: eine gute Nase und einen empfindsamen Gaumen, um feinste Geruchs- und Geschmacksnuancen entdecken zu können.
Seine teilweise höllisch scharfen Peperoncino-Öle und –Soßen haben sprechende Namen: Lucifero, Apocalypse, Hot Lemon, Magma oder Incubo – übersetzt Alptraum. Tony ist selber erstaunt, wie viele Fans des extrem Scharfen es gibt, die ihm begeisterte Kommentare schreiben im Stil von *„Ich konnte gefühlte drei Minuten lang nicht atmen, aber es war sensationell!“* Wer's mag …

Scharfes Rot: Peperoncini alias Chilischoten

Die Olivenernte – schonend und qualitätsbewusst

Die Olivenernte – schonend und qualitätsbewusst

Schöne und anstrengende Früchte
Diese Bäume, so frisch, so voll, so schön,
wenn sie Früchte zeigen, grün, golden und schwarz,
bieten sie einen der angenehmsten Anblicke,
die es geben kann.

Miguel de Cervantes, 1547–1616

„Für einen Tropfen Öl braucht man drei Tropfen Schweiß."
Sprichwort

Lebenstraum Olivenernte

„Es ist schon immer mein Traum gewesen, einmal bei einer Olivenernte dabei zu sein!" Diesen Satz haben wir schon von vielen unserer Freunde und Bekannten gehört – und den meisten haben wir geantwortet: *„Kein Problem, kommt einfach im Oktober vorbei. Wir können helfende Hände immer gut brauchen."*
Dabei reicht die Bandbreite der Helfer dann vom 5-jährigen Kind, das nach fünf Minuten die Lust an dem langweiligen Gekämme verliert und feststellt, dass die Oliven keineswegs wie Bonbons schmecken, bis zu rüstigen Rentnern, die manchmal ihre Kräfte überschätzen. Gebraucht werden eher junge kräftige Männer. Aber die sind rar.

Per Hand ins Netz

Die Olivenernte hat etwas Vereinendes: Alle arbeiten zusammen an einem Baum, recken sich nach den versprengtesten Oliven, rutschen auf den Netzen im steilen Gelände aus, versuchen, nicht auf die schon heruntergekämmten Oliven zu treten – und wissen, dass am Abend alle Anstrengung mit köstlichstem Olivenöl belohnt wird. Wir ernten in den Marken wie man ernten sollte: mit der Hand, nur mit Hilfe von Plastikkämmen mit weit auseinander stehenden Zinken. Dabei fallen natürlich auch Blätter ab. Das macht aber nichts. Entweder man entfernt sie schon in den Körben mittels „Qualitätskontrolle" oder überlässt es der Windmaschine in der Olivenmühle, die sie später noch vor dem Waschen herauspustet. Größere Äste und verletzte Oliven sollte man aber doch vorher per Hand entfernen. Unter den Oliven breiten wir große grüne Netze aus. Am Ende des abschüssigen Geländes müssen wir sie an Haken hochbinden, damit die wertvollen Früchte nicht den Abhang hinunterrollen. Unsere Bäume sind wie fast alle in den Marken ca. 50 bis 60 Jahre alt. Dabei erreichen sie durchaus schon eine Höhe von fünf, sechs Metern, auch wenn wir sie immer wieder beschneiden. Also unerreichbar ohne Leitern.

Kräftige Herren im steilen Gelände

Da das Ernten mit Leitern im steilen Gelände aber wirklich kein Vergnügen und obendrein gefährlich ist, gibt es erstens Kämme auf langen Holzstäben und zweitens die segensreiche Erfindung der elektrisch betriebenen Erntekämme, die auf einer ca. drei Meter hohen Stange thronen und oben wie Vögel flattern. Das hat ein ganz schönes Gewicht, so dass wir Frauen das Stemmen des Rüttelgeräts meist den kräftigen Herren überlassen. Der surrende Rüttelkamm erreicht auch ganz oben

am Baum unter dem Blätterwerk versteckte Oliven, rupft aber auch deutlich mehr Blätter und kleine Äste ab. Womit wir wieder bei der wichtigen „Qualitätskontrolle" wären.

Ist ein Baum abgeerntet, werden die Netze mit vereinter Kraft – ja Kraft, denn die Oliven darauf entwickeln ein ganz schönes Gewicht – an drei Enden zusammengerafft und am vierten Ende unten in die bereitgestellten Plastik-Kassetten geschüttet. Diese fassen ca. 20 Kilo Oliven und haben viele Luftlöcher, damit die Oliven atmen können. Zwei Frauen oder ein Mann tragen diese Körbe dann gleich in den Schatten, von wo sie noch am selben Tag in die Olivenmühle gefahren werden. Das ist wichtig!

Ganz schnell zur Ölmühle

Denn wir haben inzwischen gelernt: Einer der natürlichen Feinde der Olive ist Luft! Der Sauerstoff, der in die Frucht

Von den luftigen Tragekörben (oben) ab in die großen Behälter – und dann sofort in die Ölmühle.

eindringt, bewirkt einen Fermentationsprozess und verdirbt die Olive. Das ist wie bei Äpfeln, die beim Herunterfallen aufplatzen, zu gären anfangen und braune Stellen bekommen. Die lästige Olivenfliege mit ihren Larvengängen im Inneren der Frucht bewirkt nichts anderes, als diesen Gärungsprozess von innen buchstäblich in Gang zu setzen. Die reifen Oliven fallen vom Baum und sind ungenießbar. Deshalb gilt auch ein ehernes Gesetz: Oliven, die schon auf dem Boden liegen, bleiben auch dort. Sie haben in den Erntekörben nichts zu suchen! Aber Oliven fermentieren auch, wenn sie mit ihrem Eigengewicht zu lange aufeinanderdrücken. Da wirken die mitgeernteten Blätter sogar als schützende „Trennwände". Die Oliven entwickeln mit der Zeit deutlich Wärme und Feuchtigkeit, die ihnen nicht guttut. Früher war das den Bauern egal, schließlich ist die nächste Olivenmühle nicht gleich um die Ecke, und die meisten Betriebe nehmen auch nur eine Mindestmenge von 200 kg ab. Also galt es, mit den Familienmitgliedern so viele Oliven wie möglich über zwei, drei Tage zusammenzusammeln. Heute, wo sich das Qualitätsbewusstsein durchgesetzt hat, und man tatsächlich „extra vergine“-Olivenöl, also Olivenöl allerbester Qualität als Lohn für die Jahresmühe bekommen möchte, kümmert man sich um mehr helfende Hände, von Freunden, Nachbarn oder bezahlten Arbeitern, um täglich am frühen Abend zur Ölmühle zu fahren. Hier hat man einen festen Termin vereinbart, der bei gut geführten Olivenmühlen auch eingehalten werden sollte, damit die Oliven rasch verarbeitet werden.

Schwankende Erntemenge

Uns ist es in unseren Anfangsjahren auch passiert, dass wir ans Ende der Warteschlange gerückt sind – trotz Termin. Die *tedeschi*, die Deutschen, kannte ja keiner. Aber als sie merkten, dass wir jedes Jahr wiederkommen und auch noch auf Italienisch fachsimpeln können über die schwankenden Ernteerträge, die lästige Olivenfliege, das Wetter oder die Politik, wurden wir besser behandelt. Dabei half auch mein in Italien allseits bekannter Vorname, den alle nicht etwa von Johanna Spyris Kinderbuch kennen, sondern von der japanischen Zeichentrickserie, die überall im Fernsehen gelaufen ist! Das hindert die Italiener aber nicht daran, meinen Namen in schönster Lautmalerei *Haidy* zu schreiben.

Die Olivenernte ist anstrengend, macht aber ungeheuer viel Freude. Trägt ein Baum wenige Früchte, reduziert sich die Freude natürlich etwas, aber das ist ganz normal. Die Erntemenge schwankt von Jahr zu Jahr, je nach Wetterlage, Erntezeitpunkt und sonstiger Befindlichkeiten des Baums. Auch ein Olivenbaum kann krank werden, z. B. eine Art Krebs mit geschwürartigen Verdickungen an den Ästen entwickeln oder

Die Handernte mit Kämmen schont die empfindlichen Olivenfrüchte.

einen Pilz bekommen, der die Blätter unschön schwarz verfärbt. Meist schafft er es aber selbst, sich davon zu befreien. Ansonsten hilft ihm der Mensch, mit biologischen Mitteln selbstverständlich.

Ein Ertrag von 12–16 Prozent gilt als normal. Was bedeutet das? Ein sehr, sehr gut tragender Spitzenbaum wirft einen *quintale* ab. Das ist eine alte italienische Maßeinheit und entspricht einem Doppelzentner, also 100 kg. Diese Menge ergibt 12 bis 16 Liter Olivenöl.

Und nun kommt das große Aber: Die Klimaerwärmung hat in den letzten Jahren enorm zugeschlagen. Wetterkapriolen wie

Hagel oder Frost in der Blütezeit, haben ganze Ernten vernichtet. Extreme Trockenheit im Sommer stresst den Baum, der weniger und kleinere Früchte ausbildet. Zu milde Winter und zu feuchte Sommer begünstigen die Olivenfruchtfliege. Generell wird in den Marken immer früher geerntet.

Zum Vergleich hier die Erntemengen unserer 35 Bäume von 2008 bis 2022:

- 2008: 565 Kilo / 76 Liter / 13,4 Prozent
- 2009: Ausfall wg. Olivenfliege
- 2010: 375 Kilo / 58 Liter / 15,3 Prozent
- 2011: 244 Kilo / 38 Liter / 15,5 Prozent
- 2012: 840 Kilo / 128 Liter / 15,2 Prozent
- 2013: 260 Kilo / 42 Liter / 16 Prozent
- 2014: Ausfall wg. Klimaerwärmung und der 4. Generation der Olivenfliege!
- 2015: 500 Kilo / 60 Liter / 12 Prozent
- 2016: Ausfall wg. Klimaerwärmung und einem Olivenfliegen-Extrem-Befall im September (zu milder Winter, zu feuchter Sommer)
- 2017: 767 Kilo / 88 Liter / 11,5 Prozent
- 2018: Ausfall wg. Frostbefall der Blüten Ende Februar
- 2019: 130 Kilo / 16 Liter / 12 Prozent
- 2020: 410 Kilo / 50 Liter / 12 Prozent
- 2021: 270 Kilo / 47 Liter / 17 Prozent
- 2022: 186 Kilo / 28 Liter / 16 Prozent

Exkurs zur Olivenfruchtfliege: Wir werden immer wieder gefragt, was wir gegen diesen Schädling tun, der ganze Ernten zerstören kann. Biologisch erlaubt ist das natürliche Insektizid Spinosad, das man vorbeugend aufsprüht, sobald man per Monitoring mit gelben Klebefallen, die mit Lockstoff-Ampullen

bestückt sind, erhöhten Befall feststellt. Noch früher kann man mit Kaolin, Porzellanstaub, entgegensteuern. Das weiße Pulver sprüht man großflächig auf, sobald sich die Früchte ausbilden, also im Sommer. Das schützt einerseits die Blätter vor zu viel Sonne und verwirrt die Olivenfruchtfliege, weil sie darauf gepolt ist, auf grünes „Fleisch“ loszugehen.

Ideale Erntefarbe: violett

In den Marken wird traditionell vom 10. Oktober bis ca. 25. November geerntet. Je früher man erntet, desto geringer ist der Ertrag der noch grünen, festen Oliven, desto fruchtiger und intensiver nach Gras, Artischocken und grünem Apfel – je nach Sorte – schmeckt das Olivenöl. Der ideale Erntezeitpunkt ist, wenn die Oliven ihre Farbe von Grün in Richtung Lila wechseln. Meist hängen grüne, violette und schwarze Oliven gemeinsam am Baum.
Die Bauern, die früher möglichst viel Quantität erzielen wollten, warteten noch länger, bis die Oliven schwarz werden und den Maximalertrag ergeben. Dann schmeckt das Olivenöl auch am mildesten, weil sie viele ihrer wertvollen Inhaltsstoffe, die für Bitterkeit und Schärfe verantwortlich sind, schon verloren haben. Das ist nicht verwerflich, denn noch bis in die 1960er Jahre galt auf dem Land in den Marken die sogenannte *mezzadria*, eine Art Lehen beim Großbauern, der die Olivenbauern verpflichtete, die Hälfte des Ertrags ihrem „Herrn“ abzugeben. Kein Wunder also, dass die *mezzadri*, die Lohnbauern, möglichst viel Olivenöl herauspressen wollten.
Wer nicht reinsortig produziert, wie wir mit unseren wenigen Bäumen, der mischt die Sorten und erzielt dadurch eine völlig unverwechselbare Mischung, in Italien tatsächlich mit dem englischen Wort *blend* bezeichnet.
Der Lohn für alle Erntehelfer ist stets das gemeinsame Essen.

Schon zur Mittagspause wird möglichst draußen ein Tisch mit den herrlichsten Lebensmitteln der Region gedeckt: *prosciutto, formaggio, pomodori, pane e olio*, d. h. Schinken, Käse, Tomaten, Weißbrot und Olivenöl. Bereits am zweiten Erntetag kann man ja schließlich das frische Olivenöl vom Vorabend genießen. Und abends zur Pasta oder über dem gegrillten Fisch gleich noch einmal!

Von Kämmen, Stangen und Rüttelmaschinen

Oliven fallen nur von selbst vom Baum, wenn sie überreif oder schadhaft sind. Dieses „Fallobst" sollte man tunlichst liegen lassen, weil hier schon der gefürchtete Oxidationsprozess beginnt und die wertvollen Bestandteile der Olive verdirbt. Damit sie in ihrem besten Zustand geerntet werden, muss man sie von den Ästen holen. Traditionell pflückt man sie per Hand oder mit Hilfe von Kämmen, meist aus Plastik, die im Italienischen *rastrello* heißen, oder Ernterechen.
Früher schlug man sie mit langen Holz- oder Bambusstöcken herunter. Aber auch mit dieser Methode werden die Oliven beschädigt. Besser sind da schon die pneumatischen oder elektrisch betriebenen Erntekämme, die meterlang ausgefahren werden können und die Oliven mit „flatternden" Bewegungen vom Baum holen. Immerhin spart man sich damit das gefährliche In-den-Baum-Klettern und Stehen auf wackligen Leitern.

Ab in die Netze

Die wie auch immer geernteten Oliven fallen in unter dem Baum ausgelegte grüne, seltener beige-braune, manchmal auch orangerote (Kreta), bunt-gestreifte (Tunesien) oder weiße (Israel) Netze. Auf großen Plantagen rütteln schwere Maschinen mit großen Greifarm-Krallen am Baumstamm.
Danach saugen Spezial-Fahrzeuge die auf den Boden gefallenen Oliven auf bzw. wie umgedrehte Schirme gespannte Netze werden gleich automatisch zusammengeklappt. Der Massenproduzent spart sich damit die Personalkosten für die schonende Ernte und verzichtet gleichzeitig auf Qualität, denn trotz hoher Rüttelfrequenz müssen die Oliven schon fast überreif sein, damit sie auf diese brutale Weise abfallen. Angeblich soll diese Prozedur dem tief verwurzelten Baum nichts ausma-

In großen Plantagen wird oft mit einem Olivenbaumschüttler gearbeitet. Damit die Oliven in den Umkehrschirm fallen, müssen sie sehr reif sein.

chen. Mir ist bei dieser Vorstellung allerdings gar nicht wohl. Der Baum scheint mir vergewaltigt zu werden. Aber das ist vielleicht eine allzu sentimentale Vorstellung.

Löcher zum Atmen

Gesammelt werden die Oliven schließlich in großen Plastikkörben mit vielen Löchern zum Atmen. Ganz schlecht sind Jute- oder Leinensäcke, in denen die empfindlichen Oliven gequetscht werden. Blätter und kleine Äste, die mitgeerntet wurden, sind bei der Lagerung in den löchrigen Plastikkörben sogar recht gut, weil sie die Oliven voneinander „abpuffern". In der Ölmühle werden sie mittels Windmaschine dann sowieso von den schwereren Oliven getrennt. Der Baum kann den Verlust dieser Blätter leicht verschmerzen.
Er verschmerzt auch die Ernte mit der Motorsäge. Tatsächlich müssen manchmal zu sehr in die Höhe geschossene Äste während der Ernte abgeschnitten werden. Das sollte aber keinesfalls den professionellen Baumschnitt im Frühjahr ersetzen!

Himmelsgeschenk

Der Olivenbaum ist sicher das wertvollste Geschenk des Himmels.

Thomas Jefferson, 1742–1826

Oliven kann man nicht essen

Frisch gepflückte Oliven essen – das kann man vergessen! Bevor Oliven für uns genießbar sind, müssen sie baden, tagelang, wochenlang. Ihr Badewasser muss immer wieder gewechselt werden, denn mit dem Bade schüttet man die ausgeschwemmten Bitterstoffe aus. Eine körperlich anstrengende Prozedur, weil die Bäuerinnen das eher nicht in einer niedlichen Schüssel, sondern in großen Bottichen machen, die gefüllt natürlich ein ordentliches Gewicht bekommen.

Nach dem Wässern kommen die Oliven in ein Salzbad. In dieser Lösung aus Wasser, Salz und Zitronensäure bleiben sie noch einmal bis zu drei Wochen. Erst jetzt sind sie für den Verzehr geeignet und kommen meist in ein wiederum mit Wasser gefülltes Glas, gern auch mit Kräutern. Zur besseren Haltbarkeit werden sie mit Olivenöl bedeckt oder gleich komplett in Olivenöl eingelegt. Gern kommen sie auch mit einer Füllung aus roten Paprikastreifen, Mandeln, Knoblauch oder pikanten Pasten ins Glas.

Um die Frucht nicht auszulaugen, kann man die Olive auch gleich in eine 8-prozentige Salzlake einlegen, sie rund fünf Monate dort ruhen lassen und die Sole in dieser Zeit nur einmal wechseln. Die Oliven bleiben auf diese Weise „oliviger“. Übrigens werden nur 10 Prozent der Welternte für Tafeloliven verwendet. Sie werden in sechs Größenstufen eingeteilt.

Oliven müssen erst wochenlang eingelegt werden, um sie zu „entbittern“ und genießbar zu machen.

Griechische Tafeloliven – nicht selten geschwärzt

Bei ihrer Herstellung sind die Griechen weit vorn. Die bekannteste griechische Tafelolive ist die schwarze Kalamata aus der gleichnamigen Region. Meistens wird sie in Essig oder Öl, manchmal auch in Wein eingelegt. Sie wird meist tatsächlich schwarz geerntet, also im fast überreifen Zustand. Die Mehrzahl der Oliven allerdings wird grün oder violett geerntet – und oft nachträglich eingeschwärzt! Durch das Entbittern in Salzwasser verliert die Olive zwar einen Teil ihrer Farbe, aber tiefschwarzen Oliven sollte man eher misstrauen. Hier hilft ein Blick auf das Etikett: Steht E 579 drauf, handelt es sich um den Lebensmittelzusatz Eisengluconat, der für die Schwärzung verantwortlich ist. Angeblich erwartet der Verbraucher das.

Wer natürliche, eher violett-bräunliche Oliven in Lake kauft, sie aber tatsächlich lieber schwarz hätte, muss nur der Natur ihren Lauf lassen: raus aus der Lake, auf einen Teller legen und dem Sauerstoff aussetzen. Nach einer Stunde sind sie durch Oxidation schwarz!

Die am weitesten verbreitete griechische Tafelolive ist die Konservoliá. Die Früchte des bis zu zehn Meter hohen Baumes zählen zu den größten griechischen Sorten. Sie ist im Handel unter vielen Namen zu haben, die jeweils ihre Herkunft bezeichnen (*Agriníou*, *Ámfissas*, *Ártas*, *Voliótiki* aus Volos oder *Patriniá* aus Patras) oder ihre Gestalt – dicke Olive (*Chontroliá*) oder runde Olive (*Strongyloliá*).

Nährstoff für eine neue Pflanze

Rohe Oliven, egal ob grün, violett oder schwarz, sind von Natur aus bitter, ihre Wirkstoffe brennen dermaßen im Mund,

dass man sie sofort ausspuckt. Das hat einen botanischen Grund: Die Olive ist eigentlich nicht dazu da, den Menschen zu beglücken, sondern dazu, für die eigene Fortpflanzung zu sorgen, nämlich als Düngemittel.
Von der Natur wurde die Olive so geschaffen, dass sie sich zu zersetzen beginnt, sobald sie den Boden berührt. Das hat man im Biologie-Unterricht sicher nicht gelernt, aber das Wissen darum erleichtert das Verständnis für Oliven und ihr Öl. Der Olivenbaum (*Olea europaea*) gehört zur Gattung der Ölbäume (*Olea*) die zur Familie der Ölbaumgewächse (*Oleaceae*) gehört. Bevor er etwa seit dem 4. Jahrtausend v. Chr. als Nutzpflanze kultiviert wurde, hat er sich von allein vermehrt. Wie? Die Früchte fielen auf den Boden, Vögel pickten sie auf und verbreiteten die Olivenkerne.
Wer heute einen neuen Olivenbaum aufziehen möchte, macht das allerdings mit einem Steckling, den man in den ersten Jahren mit einem Pfosten stützt, bis er kräftig genug ist, um allein Wind und Wetter zu trotzen. Anfangs wird er in den heißen Monaten auch gewässert und rund um die kleinen Wurzeln von Unkraut befreit. Ansonsten ist der Olivenbaum absolut genügsam, ein echter Überlebenskünstler.

Selbstversorger zum Erhalt der Familie

Ein „natürlicher" Olivenbaum bzw. –strauch, was er ja ursprünglich ist, hilft sich selbst. Als typischer Selbstversorger trägt er alles in sich, um sich zu ernähren. Die Olivenfrucht enthält insbesondere Fette und eine einzigartige Konzentration von Wirkstoffen, die sie vor Krankheiten und Verderbnis schützt. Dummerweise ist es botanisch unmöglich, dass Pflanzen Fette aufnehmen. Was also tut die Natur, damit das Bäumchen trotzdem ernährt wird? Sie setzt mittels Luftkontakt Fermentationsprozesse, also Gärungsprozesse, in Gang, die all das zerstören, was die Olive und das aus ihr gewonnene Öl für uns Menschen so wertvoll macht, etwa die gesunden Polyphenole. Alles wird zerlegt, zersetzt, im menschlichen Sinne „verdorben“. Im Neu-Griechischen hat man übrigens den Begriff Enzyme für den gleichen Prozess geschaffen. Übersetzt heißt dieses Kunstwort Sauerteig oder Hefe. Aber ob nun Ferment oder Enzym: Dank ihres Einsatzes ist die Olive nun der ideale Dünger, um den Baum am Leben zu erhalten.

Düngemittel dank Sauerstoff

Wir haben die Probe aufs Exempel gemacht und einige Oliven zu einem Brei zerquetscht, um zu sehen und zu riechen, was sich im Kontakt mit dem Sauerstoff so tut. Es ist erstaunlich, was sich da in wenigen Minuten verändert. Erst riecht man das intensiv Fruchtige der Olive, nimmt Gras-Aromen wahr, bald wird daraus Heu und gekochtes Gemüse, später kann man kaum mehr von Geruch sprechen, vielmehr stinkt es! Auch die Farbe wandelt sich, der zuerst weißliche Brei wird zunehmend dunkler. Die Natur hat ihr Werk getan. Wir haben exzellenten Dünger produziert.

Nun wollen wir aber keinen Dünger, sondern ein Lebens-Mittel produzieren. Daher gilt es, der Natur entgegenzuwirken, will heißen, die Olivenfrucht bei ihrer Verwandlung - entweder in eine Ess-Olive oder in Olivenöl - vor Sauerstoff zu schützen. Auch die feinen Schwebstoffe, die unmittelbar nach der schonenden Pressung im unfiltrierten Olivenöl herumschwimmen, setzen übrigens den beschriebenen Fermentationsprozess in Gang.

Filtrieren steigert die Qualität

Tatsächlich muss der so genannte Satz, der sich nach wenigen Wochen am Boden der Kanister aufgrund des Absinkens natürlicher Schwebstoffe ablagert, entfernt werden. Denn diese Stoffe beschleunigen den Abbauprozess der hochwertigen Inhaltsstoffe, lassen das Öl schneller ranzig werden. Verantwortungsbewusste Olivenbauern schütten daher ihr Olivenöl nach einigen Tagen in einen sauberen Kanister um und entsorgen den unangenehm riechenden Satz. Wer ganz frisches, unfiltriertes Olivenöl kauft, sollte die Flasche nach zwei, drei Wochen kontrollieren und bei Satzbildung das Olivenöl in eine andere Flasche umschütten – oder es sofort verbrauchen. Besser ist es jedoch, wenn schon in der Ölmühle gefiltert wird. Nur filtriertes Olivenöl behält seine Qualität weit über das Mindesthaltbarkeitsdatum hinaus. Wir haben zufällig 2022 eine vier Jahre alte Flasche mit unserem Olivenöl erhalten, die eine Freundin im hintersten Winkel ihres Küchenschranks vergessen hatte. Und siehe da: Das Olivenöl war nach wie vor exzellent!

Der Olivenöl-Aficionado Andreas März, Chefredakteur des unbedingt lesenswerten Fachmagazins „Merum“, der Zeitschrift für Wein und Olivenöl aus Italien, ist ein besonderer Verfechter des Filtrierens. Der Wahlitaliener mit Schweizer Pass produziert selbst ein charakterstarkes, hocharomatisches Olivenöl nördlich von Florenz. Unermüdlich kämpft er für Qualitätsöl und hat mit seiner Familie den Herstellungsprozess in der eigenen Ölmühle perfektioniert – inklusive einem doppelten Filtrierungsprozess.

März filtert das frisch gewonnene Öl unmittelbar nach dem Austritt aus dem Dekanter erst grob mit 30-Micron-Filterschichten, ein zweites Mal, nach ein paar Tagen, mit allerfeinsten 10-Micron-Filterschichten. Die Maßeinheit 1 Micron entspricht übrigens einem Tausendstel eines Millimeters! Das Filtern ist ihm sehr wichtig für die Reintönigkeit seiner Öle, vor allem aber für deren Haltbarkeit. Dass bei dieser Micro-Filterung auch ein Anteil Polyphenole mit dabei ist, nimmt er in Kauf.

Olivenöl ohne Kern

Es gibt Olivenöl im Handel, das ohne Kern gepresst wurde. „*Denocciolato*“ heißt es im Italienischen. Dabei werden die Kerne vor dem Pressen maschinell aus den Oliven entfernt, bevor der Verarbeitungsprozess beginnt. Urvater dieser Variante ist der 2004 verstorbene Gastronomie-Journalist Luigi Veronelli. Eine Untersuchung in Italien hat ergeben, dass Olivenöl aus entsteinten Oliven einen um 20 Prozent höheren Anteil an Polyphenolen aufweist. Das ist ja auch kein Wunder, da die meisten Polyphenole im Fruchtfleisch sitzen. Nur zwei bis vier Prozent des Öls sitzen im Kern. Tatsache ist, dass die Temperaturen beim Herstellungsprozess ohne Kern noch niedriger sind, ca. 19,5 statt bis 25 Grad.

Aber, und jetzt kommt das große Aber: Olivenöl enthält mehr als 1.000 Inhaltsstoffe! Wie viele davon im Kern sitzen, ist längst noch nicht erforscht. Angeblich hat man sogar weibliche Hormone im Olivenkern entdeckt!

Im Internet finden sich übrigens Menschen, die behaupten, dank geschluckter Olivenkerne ihr Sodbrennen geheilt zu haben. Nun ja, da empfehle ich dann doch lieber den täglichen Löffel Olivenöl, der übrigens auch bei Verdauungsproblemen hilft.

Am besten nur das Beste

Oliven schicken sich an, langsam so wahrgewonnen zu werden wie Wein: Gab es früher, sagen wir in den 1960er, 1970er Jahren, einfach süßen oder herben, roten oder weißen Wein, entblödet sich heutzutage niemand mehr, sich auf diese vier Geschmacksnuancen zu beschränken. Klar, nicht jeder hat ein Weinseminar besucht und weiß auf Anhieb, ob er eine Syrah-Traube oder einen Montepulciano im Glas hat. Aber man versucht es halt – und man weiß um die Vielfalt der Weintrauben,

Den jungen Olivenbäumchen muss einmal jährlich mit einem Profi-Schnitt gezeigt werden, wie sie wachsen sollen.

der Anbaumethoden, der unterschiedlichen Jahrgänge.
Bei den Oliven ist dieser Erkenntnisprozess erst am Anfang. Noch immer wundern sich viele, dass unser Olivenöl in einem Jahr so und im anderen Jahr etwas anders schmeckt. Ich erkläre dann immer geduldig: Es ist ein Naturprodukt, das u. a. abhängig ist vom Wetter, vom Erntezeitpunkt, von der Bodenbeschaffenheit, der Lage – und nicht zuletzt von der Sorte. Wer

immer gleiches, eher geschmackloses, euphemistisch „neutrales“ Olivenöl möchte, der muss sich im Supermarkt bedienen und auf raffinierte Öle zurückgreifen, denen das Charakteristische künstlich ausgetrieben wird.

Klasse statt Masse

Nur verzichtet er dann auf sämtliche gesunden Inhaltsstoffe, die in einem Massenprodukt, das für den Massengeschmack hergestellt wird, nicht mehr vorhanden sein können. Zwar stimmt das Etikett augenscheinlich, schließlich steht überall *„extra vergine“* oder *„nativ extra“* drauf, nur ist das leider nicht drin. Kann es gar nicht, denn nur ca. 10 bis 15 Prozent der Olivenöle im Handel können überhaupt nach den strengen Qualitätskriterien für dieses Öl der ersten Güteklasse hergestellt worden sein. Der Rest sind Mischöle, die nicht selten schlimm gepanscht sind, wie etliche Olivenöl-Skandale in jüngster Zeit zutage gefördert haben.

Olivenöl-Experte Andreas März geht noch weiter. In seinem sehenswerten Film *„Olio, ti voglio“* (dt.: *Olivenöl ich will Dich*) vertritt er die Ansicht, dass nur fünf Prozent einer echten Manufaktur entstammen: *„Wir sollten es dem Verbraucher klipp und klar sagen: Wer heute ins Supermarktregal greift und dort einen Liter Olivenöl, vermeintlich extra nativ und aus Italien, zu einem Preis unter 15 Euro den Liter erwirbt, ist mit hoher Wahrscheinlichkeit einem Betrug aufgesessen.“*

Wir zitieren Andreas März gern bei unseren regelmäßig veranstalteten Olivenölschul-Abenden mit dem Satz: *„95 Prozent des*

Am besten lagert das empfindliche Olivenöl in Edelstahl-Tanks. Spezielle Ventile erleichtern das Abfüllen und die Inertgas-Armatur verhindert die Oxidation.

OLIO
EXTRA VERGINE
di OLIVA
OLIO EXTRA VERG
Botte n. 10
Capacità Litri 300
Capacità kg 275
Olio Extravergine D'Oliva da
Agricoltura Biologica
100x100 ITALIANO
FRANTOIO E BIOFATTORIA ALEANDRI
KURT
Tedesco

in Supermärkten erhältlichen Olivenöls verdient die Bezeichnung extra vergine nicht." Und ich ergänze das immer plakativ: *„Olivenöl ist das meistgefälschte Lebensmittel. Daher unbedingt Finger weg von Billig-Olivenöl. Da kann man gleich mit Nivea kochen!*" Umso schlimmer ist es, dass deutsche Tester mit offensichtlich betäubten Geschmacksnerven in einschlägigen Zeitschriften immer wieder billiges Supermarkt-Olivenöl empfehlen. Sie berufen sich dabei auf chemische Parameter, die einer EU-Norm entsprechen, die längst reformiert gehört.

Der große Unterschied

Dieser ganze Betrug könnte aufhören, wenn der Verbraucher wie beim Wein lernt, ein gutes, unverfälschtes Olivenöl geschmacklich von einem schlechten zu unterscheiden. Fruchtigkeit, Bitterkeit und Schärfe sind die Eigenschaften, die auf einen hohen Gehalt an Polyphenolen hinweisen, auf die Antioxidantien, die im Qualitätsöl einen Anteil von bis zu 800 mg pro Liter erreichen, in den Mischölen kaum noch ein Zehntel davon.
Eine Mindestgarantie hat der Verbraucher nur, wenn er DOP-Öle kauft, bei denen Herkunft und Pressung garantiert sind. Aber am besten sollte er die Hersteller kennenlernen, ihre Namen, ihre Ernte-Methoden, ihre Olivensorten. Wer weiß schon, dass es in Italien fast 300 verschiedene Olivenarten gibt, die alle anders schmecken? Allein im Mittelmeerraum gibt es über 1000 verschiedene Olivensorten! Ein Märchen-Schlaraffenland mit 1001 Olivengeschichten.

Gourmet-Tipp aus den Marken: gefüllte Olive ascolane

In den mittelitalienischen Marken, genauer in der Provinz Ascoli Piceno, wächst eine besonders große, dickbauchige Olivensorte, die Ascolana tenera. Diese „Olive ascolane" werden gern im Glas eingelegt, um später in Panade frittiert und wahlweise fleischig, fischig oder vegetarisch gefüllt als Delikatesse warm serviert zu werden. Wer immer eine Sagra besucht, eine Art Volksfest zu Ehren verschiedener saisonaler Lebensmittel, bekommt an Ständen frisch frittierte Olive ascolane in einer Packpapier-Tüte, ähnlich den Maroni-Tüten.

Als Vorspeise sind die sättigenden Ascolane unschlagbar – und jede Hausfrau und jeder Metzger haben ihre eigenen Rezepte, mit welcher Farce aus gehacktem Fleisch, Ei, Parmesan und Kräutern die entkernte Olive gefüllt wird. Die Füllung, das Panieren und Frittieren nehmen der Olive die Bitterkeit, sodass auch Menschen, die pure Oliven zum Aperitif etwa nicht mögen, hier ins Schwärmen geraten.

Das Olivenöl – gesund und kulinarisch

Das Olivenöl – gesund und kulinarisch

Geschmacksnerven-Schulung

Wer schon einmal an einem „Dinner im Dunkeln" teilgenommen hat, der weiß: Es ist verblüffend, wie schlecht unsere Sinne ausgebildet sind. Tatsächlich können die wenigsten Weißwein von Rotwein unterscheiden, geschweige denn Aprikosen- von Pfirsicharomen. Man wundert sich ja immer, was man bei den Weinbeschreibungen der Experten, die auch noch Noten in Form von Gläsern oder Punkten vergeben, so liest – und versucht krampfhaft, das selbst herauszuschmecken. Nuancen von Bitterschokolade oder reife Brombeere im Rotwein? Ja, das könnte noch gehen. Aber feuchter Waldboden, Lakritze, grüner Paprika, schwarzer Pfeffer, frischer Rosmarin? Will man das wirklich im Weinglas riechen und schmecken?

Mehr Genuss durch mehr Wissen

Hat man Nase und Gaumen im Laufe der Lebensjahre etwas mehr ausgebildet, stellt sich eine ungeahnte sensorische Vielfalt ein. Genussfreude steigt mit dem Wissen. Ganz ähnlich ist das ja auch beim Kunst- und Musikgenuss. Und beim Olivenöl? Hier hat sich erst seit dem Jahr 2000 ungefähr herumgesprochen, was für eine Vielfalt und welche Qualitätsunterschiede möglich sind.

Kurioserweise haben dazu auch die Olivenöl-Skandale beigetragen, die massenweise gepanschtes, fälschlich als „extra vergine" etikettiertes Olivenöl zu Tage gefördert haben. Im Mai

2019 sind z. B. 150.000 Liter gefälschtes Olivenöl beschlagnahmt und 24 Verdächtige in Süditalien festgenommen worden. Damit hat die Polizei in Deutschland und Italien eine Bande zerschlagen, die Olivenöl im Wert von acht Millionen Euro gepanscht hat. Durch den Zusatz von Chlorophyll und Betacarotin hat die Bande minderwertiges Sonnenblumen- oder Sojaöl eingefärbt und als „Olivenöl Extra Vergine" an Restaurants und Geschäfte in Rom, Norditalien - und vor allem in Deutschland verkauft.
Der Schwerpunkt der Operation „Oro giallo" („Gelbes Gold") lag in der Provinz Foggia in Süditalien, wo die Bande das Öl laut Europol „unter unhygienischen Bedingungen" zusammenmischte und in Ein-Liter-Flaschen beziehungsweise Fünf-Liter-Kanister abfüllte. Jedes Jahr soll sie allein bis zu einer Million Liter Sonnenblumenöl verarbeitet haben, das sie zu einem Preis von rund einem Euro pro Liter kaufte. Alle zwei Wochen wurden 23.000 Liter nach Deutschland geliefert und dort für fünf bis zehn Euro pro Liter verkauft – vor allem an Restaurants und Geschäfte in Stuttgart, Frankfurt und Berlin. Zwei der Verdächtigen wurden auf der Grundlage eines europäischen Haftbefehls in Deutschland festgenommen. Insgesamt waren den Angaben der italienischen Polizei zufolge aber sechs der Verdächtigen in Deutschland gemeldet.
Solche und ähnliche Machenschaften haben zuerst zu einer Verunsicherung der Verbraucher geführt und anschließend zu mehr Interesse daran, was dieses Naturprodukt Olivenöl eigentlich ausmacht.

Strenge Prüfernasen und -gaumen

Wir wollten es nach unserer ersten Ernte 2008 auch genau wissen, wollten erfahren, wie wir unser eigenes Olivenöl einzuschätzen haben, und schickten es damals zu Dieter Oberg nach Wessling an den Ammersee. Der leidenschaftliche Olivenöl-Liebhaber leitete ehrenamtlich das Deutsche Olivenöl Panel (DOP) und hat die Informationsgesellschaft Olivenöl ins Leben gerufen. Als unermüdlicher Verfechter für Qualität und Transparenz veranstaltete er auch immer wieder Sensorik-Seminare. Heute, 2022, ist er noch passives Mitglied des Panels und leitet weiterhin die Informationsgesellschaft Olivenöl, weil ihn das Olivenöl nicht loslässt, wie er mir im Oktober 2022 schrieb.

Wir telefonierten damals, und er fand meine naive Begeisterung für unser eigenes Olivenöl deutlich erheiternd. Vorsichtig dämpfte er meine Erwartungen. Zu oft habe er schon erlebt, dass Laien wie wir im besten Glauben Olivenöl produzieren, das frisch zwar außergewöhnlich gut schmecke – einfach, weil man es aus dem Supermarkt nie so frisch bekommt. Aber leider, leider – sein Bedauern klang leise resigniert – hielten die meisten Olivenöle den strengen Prüfkriterien nicht stand.

Niederschmetternde Fehler

Die Prüfung beginnt damit, dass von der eingeschickten ¾-Liter-Probeflasche kleine 50 ml-Flacons anonymisiert mit einer Nummer an acht bis 12 professionelle Olivenöltester in Deutschland geschickt werden. Das DOP ist das einzige offiziell zertifizierte nicht amtliche Sensorik Panel (= Verkostungsgruppe) in Deutschland. Amtlich sind dagegen die beim in Madrid ansässigen International Olive Council (IOC), dem internationalen Olivenrat, registrierten rund 80 weltweiten Panels (Stand 2022). Das Oliven-IOC ist oft in ähnliche Streitigkeiten verwickelt wie das Olympische Komitee, das ja bekanntlich auch als IOC abgekürzt wird. So protestieren die Italiener regelmäßig gegen die Übermacht Spaniens und Tunesiens in den Gremien. Liest man die Liste der Panels, wundert

Profitester verwenden die bauchigen blauen Gläser, damit sie nicht von der Farbe des Olivenöls Rückschlüsse auf dessen Qualität ziehen können.

man sich tatsächlich ein bisschen: Drei Panels sind in Deutschland zugelassen, 13 in Spanien, 12 in Italien – und 21, die absolut größte Anzahl, in Tunesien!

Der Test kostete seinerzeit 145 Euro, aber das war es uns wert. Bis zu neun Tage brauchten die Tester an ihrem audierten Testplatz, wo sie akribisch Testbögen auszufüllen haben und eine Bewertung auf einer Skala von Note 1 bis 9 abgeben sollen. Ein extra natives Olivenöl sollte mindestens einen Wert von 6,5 erreichen. Das Ergebnis dieser allerersten Panel-Verkostung war tatsächlich für uns niederschmetternd: Nein, unser Olivenöl könne man nicht als „extra vergine" bezeichnen, es sei höchstens „vergine", also der zweiten Güteklasse zuzuordnen. Ups. Was war denn da schiefgelaufen? Im Prüfbericht hatte Dieter Oberg die Ergebnisse seiner Tester zusammengefasst, die zu

unserem Entsetzen stichig/schlammige Gerüche festgestellt hatten. Wir telefonierten erneut.
Ob wir die Oliven wirklich gleich am selben Tag zur Ölmühle gebracht hätten? Ich schluckte und „gestand“ wahrheitsgemäß, dass wir aus Mangel an Hilfskräften die Oliven von zwei Erntetagen gesammelt hätten. Erst dann hatten wir auch einen Transporter bekommen, um die vollen Körbe zur Ölmühle zu fahren. Und dort haben die Oliven auch noch eine Nacht mit ihrem Eigengewicht gestanden, bevor wir als Neulinge an die Reihe gekommen sind.
Gleich mehrere große Fehler! Die Oliven haben dort geschwitzt, sind oxidiert, und die Luft hat die wichtigen Inhaltsstoffe des Öls, die Polyphenole, verdorben. Der Fachmann zog anschaulich den Vergleich mit angestoßenem Fallobst. Oh je! Wir gelobten Besserung.

Verkostungsworkshop für Laien

Unser Ehrgeiz war geweckt. Nach der nächsten Ernte organisierten wir in unserem Zweitdomizil in den Marken einen Verkostungs-Workshop mit Tiziano, der solche Geschmacksschulungen auch immer wieder für Kinder und Jugendliche veranstaltet. Denn leider ist Lebensmittelkunde in der Schule immer noch kein Lehrfach!
Er brachte sechs sorgfältig in Alufolie eingewickelte Olivenöl-Flaschen mit, damit wir das Etikett nicht lesen konnten. Unser eigenes Olivenöl war auch dabei. Diesmal hatten wir die Oliven noch am Erntetag zur Ölmühle gebracht und kamen auch zum ausgemachten Termin an die Reihe, denn inzwischen kannte man uns *tedeschi* ja.
Zum Verkosten gab es nummerierte, undurchsichtige Plastik-Gläschen. Besser wären die sonst üblichen kobaltblauen Gläser, damit man sich von der Farbe nicht ablenken bzw. täuschen lässt.

Autorin Heidi Rauch und ihr Mann Michael Konitzer veranstalten mehrmals im Jahr Olivenölschul-Abende.

Erwärmen und riechen

Erster Schritt: Das nur zu einem Drittel gefüllte Glas mit einer Hand umfassen und mit der anderen Handfläche oben geschlossen halten, damit sich das Olivenöl auf ca. 28 °C erwärmt. Jetzt erst entfaltet es seinen Geruch. Die Spannung steigt, nun langsam die Handfläche heben und die Nase ins Glas senken, einatmen. *„Riecht Ihr die Olivenfrucht oder etwas anderes?“* So lautete Tizianos erste Frage. Jeder hatte einen Testbogen vor sich, wo man nun auf einer Skala von 0 bis 5 bewerten konnte, was man so wahrnahm.
Die erste Geruchsprobe dient dazu, gutes Olivenöl von fehlerhaftem zu unterscheiden. Ein Öl, das durch die Geruchskontrolle fällt, braucht gar nicht mehr geschluckt zu werden. Die Fehler lesen sich gräulich: sauer (nach Essigsäure), ranzig, modrig, schlammig, metallisch, grobschlächtig, überhitzt. Der italienische Ausdruck *muffa* für Moder war uns am schnellsten geläufig. Muffig sollte natürlich kein Olivenöl riechen, schon gar kein frisches.

Amaro e piccante – Bitterkeit und Schärfe

Die positiven Attribute rochen wir natürlich viel lieber: das Fruchtige der reifen oder grünen Olive, Apfel, andere Fruchtnoten wie Artischocken, Mandeln, Nüsse, Tomaten, unreife oder reife Banane, ja sogar Salat wie Rucola, Kräuter, Spinat. Dabei unterscheidet man auch in puncto Intensität – von mild oder leicht bis intensiv. So heißen auch die drei Kategorien bei Profi-Tests: leichtfruchtig, mittelfruchtig und intensiv fruchtig.
Nach dem Riechen erst kommt das Schmecken bei einer Blindverkostung. Man nimmt einen kleinen Schluck in den Mund und bewegt ihn dort schlürfend, bevor man schluckt. Das Olivenöl wird zischend durch die Zähne gezogen, an Gaumen und Zun-

ge bewegt. *Stripaggio* nennen das die Italiener. Retronasal, also hinter der Nase, werden auf diese Weise weitere Aromen wahrgenommen. Hier schmeckt man die so wichtigen Bitternoten – von mild-süß über mittelbitter bis sehr bitter. Tatsächlich sind Bitterkeit und Schärfe – *l'amaro e il piccante* - die wichtigsten Indizien dafür, dass alle gesundheitsfördernden Biophenole unversehrt im Olivenöl erhalten geblieben sind.

Husten erlaubt

Erst zum Schluss wird es geschluckt. Im Rachen nun sollte die Schärfe zu spüren sein – auch hier von wenig scharf über mittelscharf bis sehr scharf. Nicht selten hustet man beim Herunterschlucken eines superfrischen extra vergine Olivenöls. Diese Schärfe reduziert sich bei vielen Olivenölen im Laufe von einigen Monaten. Eine Freundin aus Apulien erzählte uns, dass sie das frisch geerntete Olivenöl ihrer Familie grundsätzlich erst im Frühjahr nach der Herbsternte verwendet, weil sie es vorher zu scharf findet.

Wir waren fasziniert. Und tatsächlich gelang es uns, die sechs Olivenöle in eine Reihenfolge von schlecht bis sehr gut zu bringen, wobei sich Tiziano natürlich freute, dass sein Bio-Olivenöl bei den meisten Teilnehmern Platz 1 oder 2 eingenommen hatte. Durchweg durchgefallen war das Supermarkt-Olivenöl, bei dem zwar „extra vergine" auf dem Etikett stand, das aber keine der erforderlichen Kriterien dafür erfüllt hatte. Unsere Erkenntnis: Wir haben wohl vor unserer intensiven Beschäftigung mit Olivenöl auch viel minderwertiges Fett zu uns genommen, im besten Glauben, wie so viele Konsumenten.

Leicht täuschen lässt man sich auch von der Farbe: Ach, ist das schön grün! Die Assoziation mit Frische kommt automatisch. Aber wenn man weiß, dass Italien der größte Importeur von Chlorophyll ist, u. a. um altes Olivenöl buchstäblich schön zu

Tipp für Romantiker: Tropföl

Wer all diesen modernen Maschinen aus Prinzip misstraut, dem bietet sich eine exklusive, sehr, sehr teure Alternative: Tropföl wie anno dazumal. Die gemahlenen Ölfrüchte werden hierbei nicht gepresst, sondern nur bei Zimmertemperatur Schicht für Schicht zwischen Matten verteilt, die übereinander aufgetürmt werden. Nur durch das Eigengewicht dieses Turms beginnt das Öl aus den Matten zu tropfen.

Diese Methode widerspricht zwar allen Erkenntnissen über die schädlichen Einflüsse von Fermentation und Oxidation, aber sei's drum: Die Olive wird nicht gestresst und gibt auch entsprechend wenig her. Aus 400 kg Oliven werden gerade mal 8 bis 10 Liter Tropföl gewonnen. Zum Vergleich: „normalerweise" wären das ca. 60 Liter. Wie gesagt: Diese Exklusivität hat ihren Preis. Ob es das wirklich wert ist, das ist wie so oft: Geschmackssache und eine Frage des Glaubens.

färben für den leichtgläubigen Verbraucher, der traut in Zukunft hoffentlich lieber seiner Nase als den Augen!

Überhitzung in der Ölmühle

Wie aber konnte es sein, dass auch diesmal unser eigenes Olivenöl nicht die höchste Bewertung bekam? Schließlich hatten wir doch diesmal alles richtig gemacht.

„Die Arbeit eines ganzen Jahres - beim Beschneiden, Bekämpfen der Schädlinge und schließlich bei der Ernte – kann in einer Stunde in einer schlechten Ölmühle kaputt gemacht werden", lautete Tizianos niederschmetternde Antwort. Nicht wir waren also diesmal schuld, sondern die Ölmühle!

Olivenöl aus einer modernen Ölmühle ist länger haltbar

Nicht zuletzt deshalb betreibt Tiziano seine eigene antioxidativ arbeitende Ölmühle. Und unser Nachbar Tony berichtete zur Bestätigung von seinen mehrfachen Tests: Die Ernte eines Tages hat er zur nahen Mühle im Tal gebracht; die Ernte des nächsten, vom gleichen Hang, fuhr er über den Berg zu einer weiter entfernt gelegenen Ölmühle. Zwei unterschiedliche Olivenöle kamen heraus: ein minderwertiges mit dem Fehler „Überhitzung" und ein einwandfreies.
Erklärung: Die Maschinen in der Nachbarmühle waren offenbar falsch eingestellt, erreichten zu hohe Temperaturen, evtl. um rascheren Durchsatz zu liefern. Tonys gesunde Oliven und der daraus entstehende Olivenbrei wurden dadurch qualitativ geschädigt. Keine Frage, dass Tony lieber den weiteren Weg in Kauf nimmt, damit das Attribut „kalt extrahiert" wirklich

Produktionsprozess in der Ölmühle

Wir beschreiben hier die moderne zentrifugale Separationstechnik, die sich inzwischen weltweit durchgesetzt hat.

1. **Anlieferung:** Die Oliven werden in gut durchlüfteten Plastikkörben angeliefert und in größere Behälter umgeschüttet.

2. **Wiegen:** Mit dem Gabelstapler fährt ein Arbeiter die Oliven auf die große Waage.

3. **Saugstation:** Die Oliven werden mittels Laufband in die erste Maschine geschüttet, wo ein Gebläse sie von den Blättern befreit, die unweigerlich mit den Kämmen mitgeerntet werden. Die Blätter und Äste fliegen nach draußen auf einen Haufen zum Verbrennen, die Oliven wandern weiter.

4. **Waschstation:** Die Oliven werden gewaschen. Von nun an kommen die Oliven in verschiedene geschlossene, Lärm machende Maschinen und Tanks aus Edelstahl. Kontrolliert wird der gesamte Prozess an einer Art Mischpult mit vielen Kontroll-Lämpchen und Drehreglern.

5. **Zerkleinern:** In der ersten Maschine wird die Frucht zerkleinert. Was früher die Mahlsteine gemacht haben, geschieht nun mit Hilfe von rotierenden Metallschwingrädern.

6. **Kneten:** Aus den zerkleinerten Früchten wird ein Olivenbrei geknetet, ca. 20 bis 30 Minuten lang. Eigentlich ist das eher eine kontinuierliche Umwälzung, evtl. unter Hinzufügung von etwas Wasser (bei der 3-Phasen-Technik), wie in einer Beton-Mischmaschine. Dieser Rührprozess, auch Malaxieren genannt, sollte in einem luftdicht verschlossenen System passieren, denn jetzt werden die Begleitstoffe freigesetzt, die dem Olivenöl sein Aroma-Profil geben. Um die Stabilität des Öls zu erhöhen, arbeiten einige Produzenten auch mit Inertgas.

Diese Phase ist nämlich die heikelste: Hier müssen ideale Wärmebedingungen geschaffen werden, in etwa zwischen 20 und 22 °C, damit die Enzyme in der Olive die Fettsäuren aus den Zellen befreien. Die Masse wird so bewegt, dass die Zellen aufgerissen werden und die frei werdenden Öltröpfchen sich sammeln können. Je kürzer dieser Malaxierprozess mit der Maische dauert, desto mehr Aroma bleibt erhalten.

7. Extraktion: Die eigentliche Abtrennung des Olivenöls geschieht in einem 2-Phasen-Dekanter, in zwei Zentrifugen, oder mit der 3-Phasen-Technik. Bei der 3-Phasen-Technik wird die gewonnene Pulpe mit warmem Wasser verdünnt, um eine Trennschicht zwischen Öl und Feststoffen im Dekanter herbeizuführen. Dabei gehen aber wertvolle Polyphenole verloren, sodass sich die 2-Phasen-Technik immer mehr durchsetzt.

Phase 1 ist die Trennung des Olivenöls vom Trester, der einfach auf einen großen Haufen nach draußen transportiert wird, wo er als Düngemittel verwendet werden kann. Weiterhin wird in dieser ersten Zentrifuge das Olivenöl vom Restfruchtwasser getrennt.

8. Separation: Phase 2 ist die restliche Trennung von Fruchtwasser und Öl in der zweiten Zentrifuge, einer Art Öl-Polierer. Hier wird die Qualität des Olivenöls nochmals spürbar verfeinert.

9. Abfüllung: Über einen Filter läuft das Öl dann in die bereitgestellten Behälter, normalerweise 50- oder 30-Liter-Kanister, die später beim Olivenbauern in fest installierte größere Tanks umgeschüttet werden. Dies sollte erst nach einer Wartezeit von einigen Tagen geschehen, damit sich mögliche Schwebstoffe noch einmal absetzen können und so nur das reine Olivenöl in die großen Tanks gelangt.

stimmt, d. h. unter 27°C in modernen Zentrifugier-Systemen erhitzt. Spitzenöle werden sogar bei 22 bis 23°C gewonnen. Wir folgen inzwischen seinem Beispiel und fahren zur supermodernen, professionell arbeitenden Ölmühle. Ergebnis: Unser Olivenöl besteht nun jeden Blindtest als wirklich „*extra vergine*".

Eine Herzensangelegenheit

Gesund mit Olivenöl

Und mit einem Früchte tragenden Olivenzweig reinigt sich der Mensch zu vollkommener Gesundheit.

Vergil, 70–19 v. Chr., in der Aeneis

Zwei Flüssigkeiten sind es, die dem menschlichen Körper angenehm sind, innerlich der Wein und äußerlich das Olivenöl, die beide von Bäumen stammen, aber das Öl ist das Notwendigere.

Plinius der Ältere, 23–75 n. Chr.

Ich misstraue eigentlich generell Meldungen, die da heißen: Der Tee xy ist besonders gesund, weil ...; das Lebensmittel xyz heilt garantiert diese und jene Beschwerden. Schnell wird etwas behauptet, wiederholt – dann kommen die Einschränkungen: Vom Tee xy müsste man täglich drei bis vier Liter trinken, um die herausgefundene Wirkung zu erzielen; das Lebensmittel xyz heilt nur dann die Beschwerden, wenn man es fünf Mal wöchentlich verzehrt. Nun ja, wer macht das schon?
Bei Olivenöl ist das anders, weil man ohne Fett nämlich nicht leben kann und weil es leicht ist, dieses Naturgeschenk tatsächlich täglich zu sich zu nehmen. Stichwort: Mittelmeer-Kost. In

den Mittelmeerländern deckt Olivenöl 15 bis 30 Prozent des Energiebedarfs des Körpers. Dadurch ist die Herzinfarktrate zwei- bis dreimal niedriger als in Nordeuropa. 60 g Fett soll der Mensch pro Tag essen, über die Hälfte davon sollten Pflanzenöle sein. Man kann Olivenöl pur schlucken, damit braten oder sein Essen verfeinern, d. h. es als Würzöl nehmen.

Herzlicher Schutz dank 1000 Aktivisten

Bereits anderthalb bis zwei Esslöffel Olivenöl täglich (20-30 g) halbieren das Risiko, an einer Herzerkrankung zu sterben. Das ist das Ergebnis einer Untersuchung der „British Cardiovascular-Society". Der Grund dafür ist, dass Olivenöl reich an einfach ungesättigten Fettsäuren und Verbindungen ist, die das Risiko von Blutgerinnseln eindämmen. Man kennt heute rund 1.000 aktive biologische Wirkstoffe im Olivenöl, darunter solche, die das Blut verdünnen und so vor Herzinfarkt und Thrombosen schützen.

Es gilt inzwischen als gesichert, dass gerade die einfach ungesättigte Ölsäure, der Hauptbestandteil des Olivenöls (zu 77 Prozent), eine besondere Schutzwirkung auf das Blut hat:
- es stärkt das Herz,
- lindert Herzrhythmusstörungen
- senkt den Blutdruck

Die neueste Studie zur Prävention von Herz-Kreislauf-Erkrankungen ist die Meta-Analyse von Imdea Food.
Das spanische Forschungsinstitut hat die Ergebnisse im „Klinischen Ernährungsjournal" (Donat-Vargas et al., 2021) veröffentlicht. Die wissenschaftliche Bewertung basiert auf drei Kohortenstudien mit insgesamt 59.846 Personen. Ergebnis: Regelmäßiger Olivenölkonsum ist ein wirksames Mittel zur Vorbeugung von Herz-Kreislauf-Erkrankungen und Schlaganfall.

Motivation für mediterrane Kost

Olivenöl senkt außerdem das „böse“ LDL-Cholesterin, das zusammen mit Bluthochdruck, Übergewicht und Diabetes zum so genannten „Metabolischen Syndrom“ gehört. Es wird auch „Tödliches Quartett“ genannt, weil vier Faktoren heute als entscheidende Risikofaktoren für koronare Herzkrankheiten gelten. Das sind:

- Fettleibigkeit im Bauchbereich
- Bluthochdruck
- zu hohe Blutfettwerte, also Cholesterin
- Insulinresistenz, die zur Zuckerkrankheit, zu Diabetes führt

Früher waren in puncto Cholesterinspiegel stets die mehrfach ungesättigten Fettsäuren im Focus. Die aber senken das Gesamtcholesterin, also mit dem „bösen“ auch das „gute“ und sehr nützliche HDL-Cholesterin. Die einfach ungesättigten Fettsäuren, aus denen Olivenöl zu 77 Prozent besteht, konzentrieren sich nur auf das „böse“.
Interessant in diesem Zusammenhang ist eine spanische Doppel-Blind-Studie, die den positiven Einfluss des Olivenöls auf 100 Gene (von 15.000) nachweist, von denen ein Großteil in direktem Zusammenhang mit der Entstehung des Metabolischen Syndroms stehen. Francisco Perez Jimenez von der Universität in Cordoba ließ seine Probanden ein Frühstück mit polyphenolreichem nativem Olivenöl Extra zu sich nehmen und untersuchte unmittelbar danach ihr Blut. Eine Kontrollgruppe frühstückte ohne Olivenöl. Sein Fazit: *„Wenn also bereits geringfügige Änderungen im Ernährungsverhalten derart positive Ergebnisse nach sich ziehen, sollte das doch wirklich jeden zu einer Ernährungsumstellung in Richtung mediterrane Kost motivieren.“*

Gesund und schmackhaft: Olivenöl zu Salat und Gemüse.

Den richtigen Partner finden

Wie so oft bringt erst die Kombination von zwei Dingen das gewünschte Ergebnis. Ölivenöl ist ein prächtiger Lebensmittel-Partner im Zeichen der Gesundheit.
Noch heute erkranken die Menschen in den Mittelmeerregionen seltener an Herzinfarkt und Schlaganfall, obwohl sie sich fetthaltig ernähren und auch häufig übergewichtig sind. Kreta wird da immer wieder gern als Beispiel genommen. Erklärung: Die nitrierten Fettsäuren hemmen im Blut das Enzym Epoxid-Hydrolase, das unter anderem an der Blutdruck-Regulation beteiligt ist. Im Prinzip wäre das auch ein Ansatz für neue Blutdruck-senkende Medikamente, folgern die Forscher. Aber man könnte es ja auch einfach mit dem Verzehr von mehr Salat und Gemüse mit Olivenöl versuchen!
Eine weitere interessante Paarung: Tomaten und Olivenöl. Denn auch hier weiß man inzwischen, dass unser Körper das gesunde Lykopin aus der Tomate nur in Kombination mit Fett aufnehmen kann.
Also ruhig immer ein wenig Olivenöl zum Gemüse - das gilt auch zum Beispiel für Karotten, Spinat oder Paprika, weil auch sie fettlösliche Vitamine wie Vitamin A und E enthalten. Noch besser wirkt übrigens die Tomatensoße: Der Mikronährstoff Lykopin ist hitzestabil und den können wir aus verarbeiteten Lebensmitteln sogar noch besser aufnehmen.

Jung bleiben

Generell wirkt ein Qualitätsolivenöl dank seiner Inhaltsstoffe als natürliches Antioxidans, d. h. als freier Radikalenfänger. Diese freien Radikalen haben es ja bekanntlich auf unsere Zellmembranen abgesehen und zerstören sie, was unseren Körper so genanntem oxidativen Stress aussetzt, der uns schneller al-

Täglich ein kleines Gläschen Olivenöl stärkt das Immunsystem und kurbelt den Stoffwechsel an.

Zu Mozzarella passt Olivenöl mit fruchtigem Geschmack.

tern lässt. Olivenöl bietet den freien Radikalen die Stirn – hält also den Alterungsprozess und eine Reihe von Krankheiten auf, etwa sogar Krebs.
Denn freie Radikale gelten als wichtige Krebsursache. Dass sich Olivenöl positiv gegen Krebs auswirkt, zeigen Untersuchungen über die Krebssterblichkeit in Nord- und Westeuropa. Im Norden ist die Krebshäufigkeit generell höher als in den Mittelmeerländern, was u. a. auf den regelmäßigen Verzehr von Olivenöl in Kombination mit der Mittelmeerkost zurückgeführt wird.

Für kleine Kinder

Olivenöl und Muttermilch sind sich erstaunlich ähnlich.
Natives Olivenöl extra enthält Omega 3 und Omega 6 in ähnlichen Anteilen wie Muttermilchfett und den gleichen Anteil an Linolsäure. Das macht es zu einem unverzichtbaren Nahrungsmittel für die Nervenfasern und die Gehirnentwicklung, d. h. es fördert die Lernfähigkeit.
Es ist leicht verdaulich und unterstützt die Magenfunktion, beugt Verstopfung und Koliken vor. Olivenöl hilft bei der Aufnahme von Vitamin D, das für wachsende Babys und Kinder wichtig ist, da es Kalzium und Phosphor reguliert und die Aufnahme von Mineralien fördert, die für den Ossifikationsprozess wichtig sind. Dies bietet Kindern einen zusätzlichen Schutz gegen Knochenbrüche im zarten Alter und senkt das Risiko einer Osteoporose im Alter.
Der Forscher Saverio Pandolfi vom italienischen Institut für Pflanzengenetik empfiehlt, bei jeder Mahlzeit, die für das Baby zubereitet wird, mit einem Teelöffel hochwertigem nativem Olivenöl extra zu beginnen. Die Mittelmeerdiät beginnt also ganz jung in Italien!

Gute Verdauung

Hochwertiges Olivenöl ist aufgrund seiner Zusammensetzung besonders leicht emulgierbar und dadurch auch von der menschlichen Verdauung leicht aufzuspalten. Es wird vom Körper fast vollständig ausgenutzt.

Olivenöl ist ein mildes Abführmittel und regt den Gallenfluss an. Ein Esslöffel Öl, morgens auf nüchternen Magen eingenommen, regt die Darmtätigkeit an und hilft bei Gastritis, Verstimmungen des Magens, Verstopfung und Blähungen. Achtung deshalb auch bei Olivenöl-Verkostungen: Am besten zwischendurch salzlose Cracker oder Apfelschnitze essen, das neutralisiert und gibt eine Unterlage.

Besonders hilfreich ist Olivenöl bei Sodbrennen (Reflux). Hier gilt es, einen Esslöffel vor der Mahlzeit einzunehmen. Dann legt es sich schützend wie ein Film über die Schleimhäute und verhindert, dass die Magensäure die Schleimhaut angreift oder in die Speisröhre steigt. Olivenöl neutralisiert die überschüssige Salzsäure und unterbindet damit die ständige Verätzung der Magenschleimhaut. Aber auch hier gilt: Auf keinen Fall minderwertiges Olivenöl nehmen! Die Schutzschicht für unsere Schleimhäute können nur hochwertige Olivenöle extra vergine bilden.

Sogar bei Magen- und Darmgeschwüren soll es helfen. Studien zeigten jedenfalls, dass durch den Konsum von Olivenöl die Geschwüre um bis zu 30 Prozent zurückgingen, und bei gar 55 Prozent erfolgte eine Vernarbung.

Natürliches Hustenmittel

Gegen starken Husten hilft eine Mischung aus Olivenöl und Zitronensaft. Mischen Sie 4 Esslöffel Olivenöl und 4 Esslöffel Saft einer unbehandelten Zitrone. Die Mischung gut schütteln und jede Stunde ein paar kleine Schlucke nehmen.

Bei Vergiftungen

Bei akuten Vergiftungen kann man mit Olivenöl Erbrechen herbeiführen: Ein Glas je zur Hälfte mit lauwarmem Wasser und Olivenöl füllen und trinken.

Schutz vor Alkohol

Fett bindet Alkohol. Da man ja nun Olivenöl nicht in größeren Mengen pur zum Magenauskleiden nehmen kann, weil man dann bekanntlich eher Durchfall bekommt, raten Endokrinologen, also Stoffwechsel-Experten, auch hier zu Kombinationen: z. B. zu Sardinen in Olivenöl, eine portugiesische Spezialität. Erklärung: Wenn die Magen- und Darmschleimhaut durch wasserabweisende Substanzen wie Fett und Öl bedeckt ist, wird die Alkohol-Resorption verlangsamt und der Alkoholspiegel steigt langsamer an.
Ein unter Studenten beliebtes Essen vor einem Trinkgelage waren hartgekochte Eier. Das Eigelb mit Olivenöl anrühren, in die Eier füllen, salzen und essen.

Olivenöl durchaus reichlich verwenden

Um einen guten Salat anzurichten, braucht man vier Charaktere: einen Verschwender für das Öl, einen Geizhals für den Essig, einen Weisen für das Salz, einen Narren für den Pfeffer.

François Coppée, französischer Dichter, 1842–1908

Braten, kochen, backen mit Olivenöl: aber ja doch!!!

Es gibt Lebensmittel-Märchen, die halten sich hartnäckig. Zum Beispiel das Märchen vom ach so eisenhaltigen Spinat. Dabei ist es längst wissenschaftlich widerlegt. Spinat hat einen eher mickerigen Eisengehalt von gerade einmal etwa 2,2 Milligramm auf 100 Gramm. Viel höher ist dagegen der Eisengehalt von Erbsen, Bohnen oder Linsen. Auch eine schöne Beilage, die aber eher ein Aschenputtel-Dasein fristet.

Ähnlich ist es mit der weit verbreiteten Ansicht, man solle mit Olivenöl nicht kochen. In Wahrheit gibt es kein besseres Öl zum Kochen und Braten. Tatsächlich ist es ein Ammenmärchen, dass Samenöle sich besser zum Erhitzen eignen als Olivenöl. Die einfach ungesättigten Fettsäuren, Oleinsäuren, aus denen Olivenöl zu rund 77 Prozent besteht, und die natürlichen Antioxidantien sind um einiges hitzestabiler als die mehrfach ungesättigten Fettsäuren aus denen Pflanzenöle wie Distel-, Maiskeim-, Sonnenblumen- oder Sojaöl bestehen. Sogar die Deutsche Gesellschaft für Ernährung empfiehlt Olivenöl inzwischen als erste Wahl zum Braten und Frittieren!

Ölsäure niedrig – Rauchpunkt hoch

Das heißt jetzt nicht, dass man hochwertiges natives Olivenöl unbedingt zum so genannten Rauchpunkt bringen soll. Das sollte man mit keinem Fett, weil sich dann gesundheitsschädliche Stoffe bilden. Der Rauchpunkt eines Fettes ist hauptsächlich vom Anteil freier Fettsäuren abhängig. Je niedriger dieser Anteil, desto höher ist der Rauchpunkt. Frische native Öle weisen einen sehr geringen Gehalt an freien Fettsäuren, auch Ölsäuren genannt, auf. Extra vergine darf sich nur ein Olivenöl nennen, das unter 0,8 g freier

Fettsäuren pro 100 g aufweist und damit zur höchsten Güteklasse gehört. Prämiierte, besonders hochwertige Olivenöle haben eher einen Anteil von 0,2-0,4 g Ölsäure, lassen sich also prima bis 180 Grad erhitzen. Das entspricht dem sanften Anbraten von Fleisch, Fisch oder Gemüse.
Gibt man das Bratgut in die Pfanne, senkt sich die Temperatur ja sofort. Die beliebten Röstaromen entstehen bereits bei 140 Grad.

Vier verschiedene Olivenöle braucht der Koch

Natürlich ist so ein wundervoll aromatisches Olivenöl viel zu schade zum Braten. Gute Köche empfehlen daher immer, mehrere Olivenöle extra vergine in der Küche zu haben, mindestens vier verschiedene – abgesehen von reinen Würzölen mit Peperoncini (scharf!), Kräutern (würzig) oder Limonen (zitronig):

1. Ein frisches von der neuen Ernte, eher grün-fruchtig im Geschmack, für die kalte Küche, also für alle Salate, nicht nur Blattsalate, sondern z. B. auch Kartoffelsalate. Oder für Caprese, d. h. Mozzarella mit Tomaten und Basilikum. In Kombination mit einem echten Aceto Balsamico Tradizionale von einer kleinen, noch handwerklich arbeitenden Acetaia – herrlich! Und natürlich pur auf Weißbrot, mit und ohne Meersalz.
2. Ein zweites, eher kräftiges zum Verfeinern von Fleisch – nach dem Braten. Wer je Olivenöl extra vergine auf ein rosa gebratenes Stück Bio-Fleisch gegeben hat, der weiß, was für eine Geschmacksintensivierung das bedeutet. Auch auf blanchiertem Gemüse gibt ein Schuss Olivenöl noch einen Extra-Kick.
3. Ein milderes Olivenöl für Fisch, sowohl zum Braten als auch als „Finish", z. B. eine Auflaufform mit Olivenöl einpinseln, Fisch im Ganzen oder Fischfilets auf der Haut auf eine Gemüsebett legen und bei 160 Grad im Ofen garen. Zum Schluss noch einmal Olivenöl über das fertige Gericht geben.
4. Ein viertes Olivenöl schließlich zum Braten in der Pfanne oder auch zum Backen. Das kann ein „älteres" Olivenöl von der letzten Ernte sein, also durchaus schon ein Jahr oder anderthalb Jahr alt. In dieser Zeit hat es generell etwas von seiner Schärfe und Bitterkeit verloren, aber nichts von seinen hochwertigen, gesundheitsfördernden Inhaltsstoffen.

Denn Fett ist ja nicht gleich Fett, wie man weiß. Wir kommen in unserer von Adipositas, Fettleibigkeit, geprägten

Auf das fertige Nudelgericht – hier Pasta Alfredo mit Petersilie - gehört zum Schluss auf jeden Fall noch ein Schuss Olivenöl zur Abrundung.

westlichen Welt – in den USA leiden schon über 30 Prozent der Bevölkerung darunter! - immer mehr zu der Erkenntnis, dass dafür die tierischen Fette und die so genannten Transfette verantwortlich sind. Die pflanzlichen Fette sind dagegen die Guten, die ja sogar das „böse" LDL-Cholesterin senken, so dass es Kardiologen jedem Herzpatienten empfehlen.

Die ganze Frucht liefert das Öl

Dazu muss man wissen, dass Olivenöl wirklich das einzige Öl ist, das ohne chemische Zusätze aus der kompletten Frucht gewonnen wird, und zwar lediglich durch einen mechanischen Pressvorgang. Olivenfleisch und Kerne werden gemeinsam zermahlen und zu einem Brei geknetet, aus dem mittels Extraktion (Trennung von festen und flüssigen Stoffen) und Separation (Trennung von wässrigen Anteilen) das reine Olivenöl gewonnen wird – so wie es die Natur geschaffen hat.
Jedes andere Öl muss erst mühsam aus den Samen einer Pflanze gewonnen werden, und das geschieht in den meisten Fällen durch chemische oder physikalische Raffination nach dem Prinzip der Heißpressung. „Raffiniertes Öl“ hat nichts mit Raffinesse zu tun, sondern bedeutet einen massiven Eingriff in die Natur, meist in Form von Erhitzung und Separation unerwünschter Stoffe. Bei der Raffinierung werden zu Gunsten von Haltbarkeit und vermeintlicher Geschmacksbedürfnisse der Verbraucher viele Geruchs- und Bitterstoffe aus dem „Rohöl“ entfernt, um es „neutraler“ und deshalb besser vermarktbar zu machen. Ausnahmen sind ausdrücklich kaltgepresste Öle wie Kürbiskernöl oder Leinöl, das aber in der angebrochenen, sowieso schon sehr kleinen Flasche tatsächlich nur wenige Wochen im Kühlschrank haltbar ist.
„Kaltgepresst“ oder „kalt extrahiert“ sind bei Olivenöl allerdings keine besonderen Qualitätsmerkmale, weil ganz normal. Das heißt, in Deutschland darf gar kein anderes Olivenöl als Speiseöl verkauft werden. Sorgfältig hergestelltes Olivenöl wird niemals über 27 Grad erhitzt, es fließt tatsächlich lauwarm, mit ca. 25 Grad, aus der Presse. Schwarze Schafe oder technisches Unvermögen gibt es allerdings überall, wie auch wir bei unserer ersten Olivenernte erfahren mussten. Aber wie so oft: Der Verbraucher hat es in der Hand, sich von solchen Herstellern abzuwenden!

Olivenöl mag es kühl und dunkel

Olivenöl ist unter den Ölen mit Abstand das robusteste, aber auch hier sind einige Dinge zu beachten wie:

> *Kühle Lagerung.* Kühl heißt nicht Kühlschrank! Bitte nicht. Gemeint sind ungefähr 10 bis 16 Grad, also am besten im Keller. Unter 7 Grad Celsius gibt es „Schneeflocken" im Olivenöl! Haben wir tatsächlich erlebt, als unser Haus in den kalten Monaten mehrere Wochen ungeheizt war. Aber keine Panik: Das sind nur Wachse aus den Olivenschalen, die kristallisieren und sich dann wieder auflösen. Also alles ganz natürlich.
>
> *Dunkle Lagerung in dunkler Flasche.* Licht ist für den Olivenbaum wichtig, nicht aber für das Olivenöl. Im Gegenteil. UV-Licht, beispielsweise durch direkte Sonneneinstrahlung, fördert die Alterungsprozesse im Öl, lässt es schneller ranzig werden. Aber keine Angst: Das riecht man!

In der ungeöffneten Flasche ist hochwertiges Olivenöl durchaus mehrere Jahre haltbar. Da wir in Deutschland mit dem Olivenöl-Konsum aber sowieso hinterherhinken, sollten wir das allerdings gar nicht ausreizen, sondern viel öfter Nachschub kaufen. Denn: Griechen, Spanier und Italiener verbrauchen jeweils ca. 12 Liter im Jahr. Den höchsten Pro-Kopf-Verbrauch verzeichnet die kleine Republik San Marino in der Mitte Italiens: 24 Liter, d. h. alle zwei Wochen benötigt eine Person einen Liter Olivenöl! San Marino hat 34 000 Einwohner*innen. Und was verbrauchen wir Deutschen? Nicht einmal einen Liter Olivenöl pro Jahr! Großer Nachholbedarf also.

Wie erkenne ich „ehrliches" Olivenöl?

Wie und woran erkenne ich ein wirklich gutes, „ehrliches", echtes Olivenöl extra vergine? Schauen Sie genau auf das Etikett. Je mehr substanzielle Angaben dort stehen – kein Werbe-Geschwurbel – umso besser.

Die Angabe des Erntedatums: Auf dem Etikett muss kein Mindesthaltbarkeitsdatum stehen. Viel wichtiger ist das Jahr der Ernte.

Die Herkunftsangabe: Wenn auf dem Etikett nur das Land und nicht die Region genannt wird, Vorsicht! Eine DOP-Region, also eine eingetragene Herkunftsbezeichnung, gibt durchaus noch mehr Sicherheit. Ein sauber arbeitender Hersteller hat nichts zu verbergen. Steht auf dem Etikett: „Aus EU-Ländern und aus Drittländern" handelt es sich immer um Mischöle, die minderwertig bis schlecht sind.

Beschreibung des Olivenöls: Wunderbar, wenn sogar die Olivensorten genannt sind. Das steht selten vorn auf dem Etikett, aber vielleicht hinten oder in zusätzlichen Angaben (Broschüre, Online-Beschreibung). Ein Hersteller, der zudem weitere Angaben macht, wie z. B. „freie Fettsäuren", prima. Je niedriger, weit unter 0,8 Prozent in diesem Fall, desto besser.

Geschmackstest: Fruchtigkeit, Bitterkeit und Schärfe sind die Qualitätskriterien für einwandfreies Olivenöl. Wenn ein Öl schon nicht fruchtig riecht, sondern irgendwie neutral bis muffig, dann ist es garantiert alt. Das passiert gern bei Olivenölflaschen, die einem in Restaurants auf den Tisch gestellt werden. Ich habe inzwischen immer ein kleines Apotheker-Fläschchen eigenes Olivenöl dabei! Auf der Zunge muss es bitter schmecken und im Rachen scharf sein. Wenn diese beiden Komponenten fehlen, ist das Olivenöl nicht mehr seinen Namen wert.

Der Preis: Bitte unbedingt die deutsche Schnäppchen-Mentalität vergessen! Ein Liter handgeerntetes und damit

Olivenöl lagert am besten in einer dunklen Flasche.

vertrauenswürdiges Olivenöl darf im Geschäft, auch online, nicht unter 20 Liter kosten! Damit sind die Kosten der Olivenhain-Pflege, des sorgfältigen Baumschnitts, der anstrengenden Ernte, der schonenden Pressung, der Flasche, des Etiketts und des Transports mit einem kleinen Gewinn für den Olivenbauern und für den Verkäufer gedeckt. Alles, was darunter ist: Finger weg! Ausnahme: Direktkauf beim Olivenbauern, dort auch in großen Gebinden, z. B. im 5-Liter-Kanister. Mit einem höheren Preis unterstützt man auch die Pflege einer Kulturlandschaft. Wenn die Olivenhaine wegen Unrentabilität nicht mehr bewirtschaftet werden, verwildert die wunderschöne mediterrane Landschaft!

Drei Rezepte mit Olivenöl

Zum Apéritif: Olivenpaste Tapenade mit Weißbrot

Als Erstes hier ein Rezept von Barbara Konitzer, die Mitte der 1990er Jahre der Liebe wegen nach Frankreich ausgewandert ist. Die studierte Ökotrophologin lebt auf Korsika und in der Bretagne und ist als Ernährungsberaterin eine große Verfechterin der Mittelmeerkost.

Lust auf Apéritif? Franzosen lieben Apéritifs! Er ist in Frankreich so beliebt wie Kaffee und Kuchen in Deutschland und eine Gelegenheit geselligen und ungezwungenen Beisammenseins. Statt Kuchen oder Torte gibt es Oliven, Pastete, pikante Cremes auf Toast oder Baguette und ein Gläschen Apéritifwein. Gerne wird der Apéritif am Abend zu einem Apéritif Dinatoire, einem kleinen Fingerfood-Diner, ausgeweitet.

Besonders oft serviert werden als Brotaufstrich oder Dipsauce Sardellencreme und Tapenade. Die Tapenade ist eine Olivenpaste, die aus der südfranzösischen Küche, aus der Provence, stammt. Daher auch ihr Name: *Tapéno* heißt in provencalischer Mundart Kaper. Die klassische Tapenade ist sehr alt. Eine Paste aus Oliven wurde schon in der Antike hergestellt. Die heutige Tapenade, so sagt man, habe vor 100 Jahren der Chef des Maison Dorée in Marseille erfunden.

Neben entsteinten Oliven, den namengebenden Kapern und Anchovis ist der wichtigste Bestandteil erstklassiges Olivenöl. Damit stehen und fallen die Qualität und der Geschmack einer Tapenade.

Zutaten

entsteinte Oliven, schwarze oder grüne
2 Knoblauchzehen, kleine Sardellenfilets (Anchovis)
1 EL Kapern, 2–3 EL Zitronensaft
2–3 EL Olivenöl, gehackte Petersilie

Zubereitung

Alles zusammen cremig mixen, zuletzt das Olivenöl einfließen lassen. Nach Bedarf noch mit Pfeffer abschmecken. Salz braucht man wegen der salzigen Anchovis nicht. Kalt stellen. Vor dem Servieren mit gehackter Petersilie bestreuen. Im Kühlschrank hält sich eine Tapenade 8 bis 10 Tage.
Es gibt viele Varianten, etwa mit Kräutern wie Thymian, Rosmarin oder grünen Anissamen bzw. zur grünen Tapenade Basilikum oder auch mit getrockneten Tomaten und sogar Thunfisch. Die Tapenade kann man auch prima zu einem Fisch wie Kabeljau servieren.

Als Hauptgericht: Traditionelle Bozner Sauce zum Spargel

Eine wundervolle Alternative zu Spargel, die überall in Südtirol serviert wird. Viel einfacher herzustellen als Sauce hollandaise.

Zutaten

4 hartgekochte Eier, 2 EL Senf, 2–4 EL Olivenöl
1 TL Mayonnaise, 1 TL Zitronensaft
frisch gehackte Kräuter (Petersilie, Schnittlauch)
Pfeffer, Salz

Zubereitung

Die hartgekochten Eigelbe durch ein Sieb drücken, die Eiweiße sehr fein hacken; passiertes Eigelb, Senf, Mayonnaise und Olivenöl gut vermischen, Kräuter und Eiweiß hinzugeben, abschmecken. Übrigens schmeckt ein kräftiges Olivenöl auch pur sehr gut zu Spargel!

Als Dessert: Backen mit Olivenöl

Will man beim Backen Butter durch Olivenöl ersetzen, also tierisches durch Pflanzenfett, spart man sogar noch Fett, weil nur drei Viertel von der angegebenen Buttermenge nötig sind: 100 g Butter entsprechen 75 ml Olivenöl. Ich backe inzwischen nur noch mit Olivenöl, mit einer Ausnahme: Weihnachtsplätzchen. Die funktionieren nicht, weil sich der Olivenöl-Teig absolut nicht ausrollen lässt. Und vielleicht auch, weil man gerade hier den klassischen Buttergeschmack erwartet.

Keine Angst wegen des Geschmacks bei süßen Kuchen: Der typische Olivenölgeruch, den man beim Mischen der Zutaten noch wahrnimmt, verliert sich beim Backen. Zur Sicherheit empfehle ich gleich ein milderes, „älteres" Olivenöl und gern eine Prise Zimt dazu. Aber bitte immer extra vergine! Ideale Kombinationspartner sind auch Zitrone oder Limoncello, der italienische Zitronenlikör, der so schön sonnig-zitronig leuchtet und innerlich gleich wärmt.
Die jeweilige Form, Tarteform oder Springform, mit Olivenöl bepinseln und dann mit den Teigstücken auskleiden. Das ist nichts für Perfektionisten, die einen hauchdünnen Teig ausrollen wollen. Hier knetet man eher und akzeptiert wellige Unebenheiten. Generell wird der Olivenöl-Teig fester als einer, der mit Butter zubereitet ist.

Crostata mit Obst oder Marmelade

Crostata ist in Italien *der* Mürbeteig-Kuchen. Belegen kann man ihn mit jeder Frucht, jeder Marmelade und gern auch Nutella. Charakteristisch ist das Teig-Gitter oben drüber. Dafür muss man aber geschickte Finger und etwas Geduld haben.

Zutaten für den Teig

300 g Mehl, 150 ml Olivenöl
100 g Zucker, 1 TL Zimt
1 Päckchen Vanillezucker und/oder Mark einer Vanilleschote
1 Bio-Ei und 1 Eigelb, Prise Salz
Saft einer halben Zitrone und/oder Schale einer Zitrone

Der italienische Mürbeteig-Klassiker Crostata funktioniert prima mit Olivenöl statt Butter.

Anmerkung für Veganer: Wenn man das Ei weglässt, wird die Crostata genauso gut – und ist dank Olivenöl statt Butter komplett vegan.

Zutaten für die Füllung

Marmelade nach Wahl und/oder ca. 20 frische reife Früchte, etwa Feigen, Pflaumen, Aprikosen oder weiche Pfirsiche; natürlich geht auch Obst aus der Dose.

Zubereitung

Teigzutaten zu einer Teigkugel kneten und 30 bis 60 Minuten in Klarsichtfolie gewickelt in den Kühlschrank stellen.
Die Tarteform mit Olivenöl bepinseln, den Ofen auf 180 °C vorheizen.
Drei Viertel des Teigs geschickt in die Form bringen und festdrücken (keine Angst, geht prima nach dem Backen wieder raus). Den Boden mit der Marmelade bestreichen und /oder die Früchte vierteln und als Fächer auf den Teig legen.
Den restlichen Teig in schmale „Schlangen" rollen und als Gitter drüberlegen.
Die gefüllte Tarteform im Backofen auf mittlerer Schiene auf dem Kuchengitter bei 180 °C ca. 40 (bis eher 60) Minuten backen. Wenn der Rand braun wird, herausnehmen.
Abkühlen lassen und entweder mit Sahne, Vanilleeis oder pur servieren. Der Teig ist ordentlich knackig wie ein Keks.

Biskuit- bzw. Rührkuchen mit Vino Cotto

Diesen einfachen Kuchen backe ich mit den Teilnehmer*innen unserer Olivenölschul-Abende schon seit Jahren. Er gelingt immer! Wenn man ihn länger als angegeben im Ofen lässt, wird er trockener. Ich liebe ihn besonders, wenn er in der Mitte noch feucht, also klitschig, ist.

Zutaten für den Teig

200 g Mehl, am besten Dinkelmehl 630
1 Päckchen Backpulver
150 g Zucker
3 Bio-Eier + 1 Prise Salz
100 ml Olivenöl
100 ml Vino Cotto oder einen anderen Süßwein/Likör

Jeder Rührkuchen gelingt mit Olivenöl statt Butter ganz wunderbar.

Zubereitung

Kastenform mit Olivenöl oder Limonolio einpinseln. Backofen auf 180 Grad vorheizen
Das Mehl mit dem Backpulver vermischen und evtl. sieben.
Eier mit dem Zucker schaumig rühren, dann unter Rühren Öl, Wein und Mehl dazu geben, bis ein geschmeidiger Teig entsteht.
In die Backform füllen und auf dem Gitter auf mittlerer Schiene 25 bis 30 Minuten bei 180 Grad backen. Geht sehr hoch und sinkt in der Mitte ein.
Dazu Vanilleeis – wenn möglich Bauernhofeis oder handwerklich gefertigtes von der Gelateria in Ihrer Nähe. Auch hier gilt: wenn möglich auf Industrieprodukte verzichten!
Der Clou: zitroniges Limonolio über das Vanilleeis gießen. Köstlich!

Olivenöl

Pflegend und heilend

Olivenöl – pflegend und heilend

Oliven und die Liebe
Ich weiß ein graues Schloss am See
und einen leisen Garten.
Mir ist, dass hinter zarten
Oliven ich dein Winken seh,
und ich will einsam warten
im grauen Schloss am See.

Rainer Maria Rilke, 1875–1926,
Liebesgedichte Band 3, S. 561

Kleopatra & Co. – gebadet und eingesalbt

Nein, Kleopatra hat nicht in Olivenöl gebadet – aber sie hat sich damit eingerieben, bevor sie in ihr Eselsmilch-Bad stieg! Der Grund: Ausgiebige Bäder machen die Haut schrumpelig, wie jeder weiß. Wasser laugt die Haut aus. Das war natürlich nicht im Sinne der ägyptischen Königin (69 bis 30 v. Chr.). Die schöne Herrscherin, die erst Julius Cäsar und dann Marcus Antonius den Kopf verdreht hat, suchte also nach einer Möglichkeit, diesen unerwünschten Nebeneffekt zu vermeiden. Et voilà: Olivenöl war die Lösung. Mit glatter, samtweicher Haut entstieg die Pharaonin dem Bade – und rieb sich anschließend erneut von Kopf bis Fuß mit nach Rosen duftendem Olivenöl ein. Die Parfümwolken haben sicher die Sinne der römischen Staatsmänner zusätzlich betört!

Tatsächlich ähnelt Olivenöl in seiner Struktur und Wirkung der natürlichen Rückfettung der Haut, die gegen Wasser sperrt und

Interessante Parfüm-Variante: Salbkegel gefüllt mit Olivenöl und Duftstoffen auf ägyptischen Perücken

vor schädlichen Umweltangriffen schützt. Es besteht aus sehr kleinen Molekülen, die sofort – wenige Tropfen genügen – einen Schutzfilm auf der Haut bilden und das Wasser abperlen lassen. Diesen Effekt macht sich die heutige Kosmetik-Industrie zunutze, indem sie vielen Cremes Olivenöl-Extrakte beigibt und mit der verjüngenden Wirkung wirbt. Man könnte sich allerdings auch Olivenöl pur auf die Haut schmieren. Es wirkt zum Beispiel wunderbar bei der Narbenpflege.

Grabbeigaben und Tempel-Rituale

Im Niltal gab und gibt es nur wenige Olivenhaine, sodass die alten Ägypter selbst nur wenig produzierten. Das eigene Olivenöl war von eher minderwertiger Qualität und für den Verzehr nicht geeignet. Es diente vielmehr als Lichtspender in den Tempeln und als Opfergabe. Im Jahr 1198 v. Chr. etwa opferte der mächtige Pharao Ramses III. dem Sonnengott Re Olivenöl, das in der Sonnenstadt Heliopolis gewonnen wurde: *„Ich gebe Dir ein von diesen Bäumen gewonnenes, sehr reines Öl, das die Lichter in Deinem Heiligtum brennen lässt.“* Salben und Öle waren kostbar. Priester fertigten die Kosmetika und hüteten das Öl für die Tempel-Rituale.
Das meiste Olivenöl holten die Ägypter über den Seeweg aus Kreta oder Ebla, einer antiken Stadt im Norden Syriens. Denn der Verbrauch an Salben und Ölen war im pharaonischen Ägypten enorm. Man denke nur an die Unmengen, die für die Mumifizierungen, die Einbalsamierungen, gebraucht wurden. Bei zahlreichen Ausgrabungen fanden sich Gefäße für Olivenöl als Grabbeigaben diverser Pharaonen. Auch dem berühmten Grab des Tutanchamun war ein mit Olivenblättern verziertes rituelles Gefäß beigegeben. Reste von Olivensteinen und Olivenzweigen haben Archäologen ebenfalls in den Gräbern aus der Zeit des Neuen Reichs gefunden – 1550 bis 1070 v. Chr.,

18. bis 20. Dynastie, u. a. mit der schönen Königin Hatschepsut.
Aber auch irdischen Würdenträgern wurde das Olivenöl zuteil: So salbte der Pharao selbst die höchsten Minister als Zeichen der Machtübertragung mit Öl. Der Begriff „gesalbte Häupter“ hat sich bis heute erhalten, wenn es um gekrönte Herrscher oder Priester geht, die mit der Salbung eine besondere Weihe erfahren.

Duftsalben flossen vom Kopf herunter

Als Salbengrundlagen verwendeten die Ägypter zur Zeit der Pharaonen zunächst tierische Fette, Bienenwachs und die aus Behennüssen (Salbeneicheln) oder Sesamsamen gewonnenen Öle. Erst später, als der Seehandel im Mittelmeer dank der Phönizier blühte, kam vermehrt Olivenöl zum Einsatz. Arme Ägypter konnten sich nur Salben und Öle leisten, die mit dem billigen Kastoröl (Rizinusöl) hergestellt wurden.
Das Haar der Ägypterinnen und Ägypter muss einen betörenden Duft aus parfümierten Ölen und fetthaltigen Substanzen verströmt haben. Bei festlichen Gesellschaften trugen nämlich sowohl Gäste als auch Dienerinnen und Musikantinnen sogenannte Salbkegel auf ihren Perücken. In den Grabmalereien des Neuen Reichs sieht man sie als weiße Masse mit gelben Streifen. Diese Kegel funktionierten als eine Art Duftdepot: Durch die Wärme im Laufe des Abends schmolzen die Fette, sodass die Inhaltsstoffe über Haare, Kopfhaut und Schultern flossen und wahrscheinlich auch die Kleidung mit einer Duftsalbe durchtränkten.
Die Salbe war mit Weihrauch, Myrrhe und Zimt versetzt, aber auch mit Lilien und Lotosblüten, Rosinen, Wacholderbeeren, Kardamom, Ebenholzrinde, Zedern-, Zypressen- und Sandelholz. Bei allen Festen gehörte es zu den ersten Aufgaben der

Sklaven, die kahlen Häupter der eintreffenden Gäste oder deren Perücken mit Duftsalben einzureiben. In einem altägyptischen Text heißt es etwa: „*Dir zum Wohle, Geehrter, ein weißes Kleid, Öl für deine Schultern, Kränze für deinen Hals, Deine Nase mit Gesundheit und Leben zu füllen, Myrrhen auf Deinem Scheitel, die von Amun-Re kommen.*"
Auch Priester trugen Salbkegel auf ihren kahl rasierten Köpfen, wenn sie opferten.

Kaiserin Sisi badete in Olivenöl

Viele Jahrtausende später gab es eine andere schöne Herrscherin, die viel Aufwand betrieb für ihre äußere Erscheinung: die österreichische Kaiserin Sisi. Eines der wichtigsten Schönheitsmittel, das sie nutzte, war die Coldcream, die der griechische Arzt Galen im 2. Jahrhundert n. Chr. entwickelt hatte. Wie das Wort Cold sagt, hatte die Creme eine kühlende Wirkung. Wesentliche Bestandteile der Coldcream waren Wasser, Bienenwachs und Olivenöl, das sowohl Feuchtigkeit und Vitamin E spendete – ein wunderbares Anti-Aging-Mittel! Später wurde das Wasser reduziert und durch Glycerin ersetzt, was die Creme fettiger machte. Zum Ausgleich für kühlende Gesichtsmasken schätzte Sisi auch warme Olivenöl-Bäder, weil sie die Haut geschmeidig hielten.

Heilende Wirkung

Bei allen Effekten für die Schönheit, nutzten die Genannten mit ihren Salbungen und Bädern ganz nebenbei auch die heilenden Eigenschaften des Olivenöls. Entzündete Haut, etwa aufgrund eines Sonnenbrands, wird noch heute mit Olivenöl besänftigt. Inzwischen weiß man, dass für diese antiseptische

Wirkung die sekundären Pflanzenstoffe, wie z. B. das Oleocanthal, verantwortlich sind. Damals hat man einfach ganz praktisch erfahren, wie Olivenöl wirkt.
Bis zur Erfindung der Penaten Creme 1904 sind ganze Baby-Generationen im Mittelmeer-Raum mit Olivenöl an den Pobacken aufgewachsen, und rissige Hände sind vor der Nivea-Creme-Erfindung 1911 dank Olivenöl wieder geschmeidig geworden. Heute erlebt Olivenöl extra vergine in der Naturkosmetik eine ungeahnte Renaissance – inklusive vieler Varianten zum Selbermachen.

Lebens- und Heilmittel

Schon in frühesten Zeiten war für die Menschen klar: Olivenöl ist ein Lebensmittel ebenso wie ein Heilmittel. Heute heißt das *Nutriceutical* oder *Nutraceutical* – vom englischen Wort *nutrition* für Nahrung und *pharmaceuticial* für pharmazeutisch. Die Italiener nutzen dieses Wort, um zu beschreiben, dass Olivenöl sowohl für die Ernährung als auch für die Heilung und Pflege wichtig ist.

Alchimisten am Werk

In den Abteien des Mittelalters gab es zum Beispiel einen *monacus infirmorum*, quasi den mönchischen Hausarzt. Dieser Alchimist mixte den *Balsamo del Samaritano*, den Samariter-Balsam, der aus Öl, Rotwein und Eiweiß bestand. Er half gegen Brandwunden und linderte Geschwüre. In traditionsverbundenen italienischen Familien wird diese Heilmischung immer noch bei Verbrennungen, Hautrissen, Juckreiz und Schwellungen aufgetragen. Auch wir haben es ausprobiert: Insektenstiche oder Hautreizungen jucken gleich weniger, wenn sie mit

Olivenöl-Kosmetik selbst gemacht

Olivenöl ist sehr hautverträglich, weil die Fettsäure-Zusammensetzung des Öls der Zusammensetzung des körpereigenen Unterfettgewebes sehr ähnlich ist. Deswegen ist Kosmetik mit Olivenöl auch für fast jeden Hauttyp geeignet. Vor der Verwendung evtl. das Olivenöl leicht erwärmen, damit es noch geschmeidiger wird.

Gesichtscreme gegen Falten

Eine Mischung aus 1 EL Olivenöl und dem frischen Saft einer ½ Zitrone zwei- bis dreimal wöchentlich vor dem Schlafengehen im Gesicht einmassieren. Die Vitamine E und A, die in Olivenöl reichlich enthalten sind, sorgen für mehr Elastizität der Haut und machen sie somit belastbarer.

Gesichtsmaske

Eine Mischung aus 3 EL Olivenöl und 2 EL Tonerde aus der Apotheke auf das Gesicht auftragen, so lange einwirken lassen, bis die Masse trocken ist. Mit lauwarmem Wasser abspülen.
Natürliche Antioxidantien fördern eine stetige Erneuerung der Zellen, was wiederum zu einem deutlich klareren Hautbild und einer Verlangsamung der Hautalterung führt.

Badezusatz

Da Olivenöl nicht wasserlöslich ist, muss es mit Milch oder Sahne als Emulgator verrührt werden; ein individuelles Aromaöl nach Bedarf dazugeben.

Sonnenbrand-Behandlung

Eine Mischung aus 4 EL Olivenöl und 1 Becher Quark oder Naturjoghurt dick auf die verbrannten Stellen auftragen und die Masse eine Viertelstunde einziehen lassen.
Kaltgepresstes Olivenöl besitzt entzündungshemmende Wirkstoffe, die ähnlich wie Ibuprofen wirken.

Peeling

Olivenöl mit Zucker, Salz oder fein geriebenen Mandeln zu einer Paste vermischen. Diese Mischung ist sowohl als sanftes Peeling für die Gesichtshaut geeignet, als auch als Handwaschpaste bei gröberen Verschmutzungen.

Haarkur

2 Eigelb, 2 EL Olivenöl und 1 Spritzer Zitronensaft verrühren und diese Paste in die Haare und die Kopfhaut einmassieren. Ein Handtuch um den Kopf wickeln und ½ Stunde einwirken lassen. Danach die Haare wie gewohnt waschen. Diese Olivenöl-Haarkur verleiht den Haaren neuen Glanz und eignet sich besonders bei trockener Kopfhaut.

Gegen brüchige Fingernägel

Lauwarmes Olivenöl mit Zitronensaft mischen.
Mit dieser Tinktur jeden Abend vor dem Schlafengehen die Fingernägel bestreichen und einmassieren. Weiche Stoffhandschuhe überziehen und über Nacht einwirken lassen. So werden brüchige Nägel fester und widerstandsfähiger.

Olivenöl pur

Massageöl

Olivenöl für Massagen pur verwenden oder nach Bedarf mit Aromaöl versetzen.

After Sun-Creme

Leicht erwärmtes Olivenöl ganz dünn auf der Haut verteilen und einziehen lassen. Nach einem Sonnenbad ist die Haut besonders empfänglich für die Vitamine des Olivenöls.

Make-up-Entferner

Wattepads in Olivenöl tauchen und sanft die entsprechenden Stellen reinigen.

Haarspitzen

In trockene Haarspitzen Olivenöl einreiben, ca. 30 bis 60 Minuten einwirken lassen und gründlich mit Shampoo auswaschen.

Rasur

Die Haut mit warmem Wasser anfeuchten, natives Olivenöl auf den zu rasierenden Stellen verteilen und kurz einmassieren. Rasierschaum oder -creme auftragen, rasieren. Mit lauwarmem Wasser abspülen, trocken tupfen. Da Olivenöl die Haut kaum strapaziert, vielmehr wunderbar pflegt, braucht man(n) keine After Shaves mehr, die evtl. die Haut wieder reizen könnten.

Hundefell

Ein unter Hundebesitzern heiß gehandelter Tipp ist ein Esslöffel Olivenöl im Futter, der für glänzendes Fell sorgen soll.

Olivenöl betupft werden, und gegen Sonnenbrand gibt es nichts Wirkungsvolleres!

All diese äußerlichen Segnungen und Wirkungen des Olivenöls, ebenso wie die innerlichen, sind überliefert worden in den Schriften der *Scuola Medicina Salernitana*, der ersten medizinischen Hochschule des Okzidents, die vom 10. bis 13. Jahrhundert in Salerno, Kampanien, ihre Blütezeit erlebte. *Circa instans* heißt die Arzneikunde mit 270 Pflanzen-Monographien im *Tractatus de Herbes*; hier werden auch die Vorteile früh geernteter Oliven und ihres Öls für die Verdauung beschrieben. Bei Gastritis etwa ist Olivenöl ein hervorragendes Heilmittel, weil es die empfindliche Magenschleimhaut auskleidet und vor Säuren (Sodbrennen!) schützt. Empfehlung: ein Esslöffel täglich auf nüchternen Magen.

Hildegard von Bingen und Hebammen

Die Universalgelehrte des Mittelalters, Hildegard von Bingen (1098–1179), wusste es ebenfalls: Olivenöl ist ein wunderbares Mittel in der Krankenpflege, entweder pur aufgetragen oder als Grundlage zur Herstellung von Salben, Balsamen, Pasten und Salbölen. Sie brauchte nur in die Bibel zu schauen und fand dort zahlreiche Stellen, die von der Heilwirkung des geweihten Öls sprechen. Hildegard von Bingen empfiehlt es zusätzlich zur Behandlung von Kopf- und Lendenschmerzen und gegen Verkrampfungen und Muskelverspannungen. Grund dafür sind die wärmenden Eigenschaften des Olivenöls, die durchblutungsfördernd und damit entspannend sind. Wahrscheinlich haben Hebammen aus den Mittelmeerländern deshalb schon immer Olivenöl während der Geburt verwendet.

Unterstützung mit Mohnblüten

Einreibungen mit Olivenöl helfen bei allen entzündlichen Erkrankungen, etwa Muskel-, Gelenk- und Knochenschmerzen – zum Beispiel in Kombination mit Zimt oder Mohnblüten!

Wer ein rotes Mohnblumenfeld sieht, wird heutzutage nicht sofort an die Heilwirkung von Mohnblüten denken. In Zeiten, wo altes Wissen neu entdeckt wird und Handwerkliches eine ungemeine Renaissance erlebt, spricht allerdings nichts dagegen, sich der Kunst der Mazeration zu widmen. Was das ist? Der Begriff kommt aus dem Lateinischen: *macerare* heißt einlegen. In unserem Fall: Mohnblüten in Olivenöl einlegen. Somit werden die heilkräftigen, fettlöslichen Pflanzenwirkstoffe gewonnen.

Empfehlung: 300 Gramm frische Mohnblütenblätter in einen Liter Olivenöl geben und drei bis vier Wochen in der Sonne oder im Tageslicht einem Reifungsprozess aussetzen. Nach dem Abseihen der Pflanzenteile ergibt entspannende (Massage-)Öle, die den wundheilenden und entzündungshemmenden Effekt des Olivenöls und die heilenden Wirkstoffe der eingelegten Pflanze vereinen. Die Öle sind in violettem Lichtschutzglas mehrere Jahre haltbar.

Ergebnis: ein Mittel gegen Schmerzen, Arthrose, Rheuma und Gicht! Im Mohnblütenöl verstärken sich vor allem die schmerzlindernden Wirkungen des Olivenöls, so dass dieses Öl besonders gegen arthritische, arthrotische und gichtische Beschwerden und verschiedene Hautkrankheiten wirkt. Ganz nebenbei fördert das darin enthaltene natürliche Vitamin E die Elastizität und Belastbarkeit der Haut, so dass spröde Haut ganz weich wird. Heilung und Pflege in einem!

Antike Aufbewahrung: Olivenöl in Amphoren aus Ton

Olympische Ehren – vorher und nachher Olivenöl!

Bei den Olympischen Spielen 2004 in Athen wurde er den Siegern wieder aufgesetzt: der Kranz aus Olivenblättern. Aber weitere Anleihen an die Antike wurden nicht vorgenommen. Sonst hätten die Sportler nämlich ölglänzend und nackt laufen, boxen und ringen müssen!
Tatsächlich traten die Athleten in der Entstehungszeit der Olympischen Spiele zu Ehren des Göttervaters Zeus, 776 v. Chr., immer nackt in ihren Disziplinen an – sowohl bei Wettkämpfen als auch im Training. Die Nacktheit sollte das Ideal eines harmonischen Gleichgewichts zwischen Körper und Geist widerspiegeln. Um die unbedeckte Haut zu schützen, rieb der Sportler seinen Körper mit Olivenöl ein und bestreute ihn an-

schließend mit feinem Sand. Der Hintergrund: Öl und Sand regulieren die Körpertemperatur, schützen vor der Sonne – und auch vor möglichen Stockhieben des Trainers, falls Übungen nicht korrekt ausgeführt werden! Olivenöl lockert zusätzlich noch die Muskeln und war besonders beliebt bei den römischen Ringkämpfern, um dem Griff der Gegner zu entgehen.

Striegeln und massieren

Nach dem Wettkampf nahm der Athlet ein gekrümmtes Schabeisen, den Strigilis (daher das Wort Striegel!), und entfernte damit Schweiß, Öl und Sand von seiner Haut. Danach wusch er sich mit Wasser und einem Schwamm, um sich anschließend bei einer Massage mit Öl zu entspannen und Muskelverspannungen vorzubeugen. Auch half das entzündungshemmende Olivenöl, eventuelle Hautabschürfungen zu lindern und zu heilen.

Als Preis winkte bei den Olympischen Spielen, die 393 n. Chr. das letzte Mal im Altertum veranstaltet wurden, anfangs nur ein Zweig vom heiligen Ölbaum. Dies hatte symbolischen Wert und sollte bedeuten, dass sich die Kräfte der Vegetation auf den Geschmückten übertragen. Später gab es u. a. wertvolles Olivenöl: Die Sieger-Amphoren waren entweder mit Wein oder Olivenöl gefüllt, den Symbolen für Wohlstand und reiche Ernährung.

Die Frauen der Sieger freuten sich über diese handfesten Preise, schließlich verwendeten sie duftende Salböle zur Pflege ihrer Haut und Haare. Man glaubte, die Kopfmassage mit Olivenöl halte die Haare glänzend und gesund, vermeide Haarausfall und Ergrauen. Auch für die gesunde Ernährung war es wichtig. Denn schon der griechische Philosoph Demokritos hatte behauptet, man könne mit einer Ernährung auf der Grundlage von Honig und Olivenöl mehr als hundert Jahre alt werden.

Ölkauen sorgt für Mundhygiene

Zahnarztbesuch. Schmerzhafte Parodontose-Behandlung. Nie wieder, das schwor ich mir. Mein Heilpraktiker wusste Rat und empfahl: täglich einen halben Esslöffel kalt gepresstes Öl kauen, ca. 10 Minuten unter der Dusche im Mund bewegen und durch die Zähne ziehen (Schweigezeit!), ausspucken, Mund mit warmem Wasser ausspülen, fertig. Ich probierte es, damals, in den 1990er Jahren, mit Sonnenblumenöl aus dem Reformhaus. Ging prima, kein Würgereiz, kein schlechter Geschmack. Um die Hintergründe machte ich mir keine Gedanken. Wird schon stimmen, was mein Gesundheitsexperte von Ausschwemmung der Giftstoffe über die Mundschleimhaut sagte. Ein Jahr später wieder auf dem Zahnarztstuhl: verblüffte Reaktion! „Was haben Sie denn mit Ihrem Zahnfleisch gemacht?", fragte mein Dentalexperte. Als ich ihm vom Ölkauen erzählte, machte er ein Gesicht, als ob ich ihm vom Weihnachtsmann auf dem Rentierschlitten erzählt hätte. Tatsache war: Meine auch erblich bedingten Zahnfleischtaschen hatten sich zurückgebildet, meine Zähne saßen in prächtig festem, rosa Zahnfleisch. Mein Zahnarzt piekste noch etwas herum, ließ dann aber sein Besteck sinken und nickte anerkennend. Den naiven Rat meinerseits, seinen Patienten das Ölkauen doch auch zu empfehlen, hat er natürlich nicht berücksichtigt. Wäre ja auch dumm von ihm, auf diese Weise Patienten zu verlieren ...

Schwamm-Effekt des Olivenöls

Dafür tue ich es, das Weitererzählen, das Empfehlen. Denn ich praktiziere das weiterhin täglich. Inzwischen weiß ich auch, was sich da abspielt im Mund. Und natürlich nehme ich seit 2008 extra natives Olivenöl dazu. Denn Olivenöl wirkt wie ein Schwamm. Das weiß jeder Koch schon längst: Es verstärkt

z. B. den Geschmack von Fisch oder Fleisch, wenn man es zum Schluss darüber träufelt. Olivenbauern, die ihre Ölkanister mit Asche oder Essig gereinigt haben, wunderten sich nicht selten darüber, dass das frisch eingefüllte Olivenöl später nach Asche oder Essig schmeckte. Olivenöl saugt eben jede Substanz auf, im positiven wie im negativen Sinne.
Die Ölkur, auch Ölziehen genannt, bewirkt also, dass die Bakterien, Rückstände und Giftstoffe im Mund vom Olivenöl aufgenommen und gebunden werden. Deshalb ist es so wichtig, das dann mit Speichel verdünnte Öl auszuspucken. Gleichzeitig wirken die Polyphenole im Olivenöl antibakteriell, antiseptisch und entzündungshemmend. Dafür zuständig sind die sekundären Pflanzenstoffe, u. a. das Oleocanthal.
Da bekanntlich viele Beschwerden und Krankheiten von schlechten Zähnen ausgehen, hat diese kosten- und schmerzsparende Form der Mundhygiene auch prophylaktische Wirkung. Ich bin jedenfalls viel weniger anfällig für Infektionserkrankungen als früher. Und Mundgeruch gehört der Vergangenheit an!

Schamanischer Ursprung

Eingeführt wurde die Methode in Naturheilkundler-Kreisen Anfang der 1990er Jahre von einem ukrainischen Arzt namens Fedor Karach, der die Ölkur von sibirischen Schamanen übernommen haben soll. Wissenschaftliche Beweise dafür gibt es nicht – wie bei vielen Dingen, die trotzdem wirken. Allerdings sind 2007/2008 einige indische Studien erschienen, die belegen: positive Effekte auf Plaque, Zahnfleischentzündungen und Karies. Wenn dann noch – wie im Internet auch zu finden – Spontanheilungen, z. B. bei Erkältungen, hinzukommen, sollte man das Ölziehen doch wenigstens einige Zeit lang probieren. Am besten mit seinem Lieblings-Olivenöl!

Geschenk-Tipps

Geschenk-Tipps

Olivenbaum-Patenschaft

Man kann ein frei laufendes Bauernhof-Huhn adoptieren und bekommt dafür frische Eier nach Hause geliefert. Nach dem Motto: Tue Gutes und bekomme etwas Gutes zurück. Man kann aber auch Olivenbaum-Pate werden und bewirkt damit gleich mehrere Dinge auf einmal:

Erstens gönnt man sich selbst oder dem Beschenkten die Erfüllung einer Sehnsucht nach dem Süden. Schon das Aussuchen der mediterranen Gegend weckt Urlaubslust und macht Freude: Soll „mein" Olivenbaum auf Sardinien stehen oder doch lieber auf einer griechischen Insel? Wo könnte ich am ehesten hinreisen wollen, um „meinen" Baum und evtl. mein Namensetikett in Augenschein zu nehmen? Umarmung des nur mir gehörenden Baum-Freundes inklusive.

Zweitens unterstützt man als Pate den Erhalt einer jahrtausendealten Kulturlandschaft und den Olivenbauern gleich mit. Man hat sofort ein gutes Gewissen, das man auch noch bescheinigt bekommt: mit einer Urkunde und gern auch einem Foto.

Drittens erwirbt man ganz immateriell lauter positive Werte, die dem Olivenbaum zugeschrieben werden: Baum des Lebens, Symbol des Friedens und der Weisheit, Zeichen der Ruhe, Langlebigkeit und der knorrigen Individualität. Wunderbare Assoziationsmöglichkeiten in Bezug auf den Menschen, der sich mit diesem Baum verbindet.

Viertens erhält man als Gegenwert natürlich alljährlich personalisiertes Olivenöl allerbester Qualität. Wer sonst kann schon sagen: Ich esse nur Olivenöl von meinem eigenen Baum? Ob das in der Realität wirklich so stimmt, ist völlig zweitrangig.

Traumerfüllung in Italien: Olivenbaum-Pate werden

Mit einer Olivenbaum-Patenschaft kauft man schließlich auch ein tolles Gefühl!

Charaktervolles Holz für die Küche

Es muss ja nicht gleich ein ganzes Treppengeländer aus Olivenholz sein – wie im Elternhaus von Tiziano Aleandri in Offida. Aber das schöne Holz eignet sich wunderbar für kreative Bildhauer-Ambitionen und – etwas profaner – für die verschiedensten Küchen-Utensilien. So charaktervoll wie der Olivenbaum ist auch sein Holz – jedes Stück ist ein Unikat mit interessanter Maserung.

Gefäße und Besteck aus Olivenholz nicht nur am Markt auch in der Küche: dekorativ mit unverwechselbarer Maserung

Da der Olivenbaum sehr langsam wächst, ist sein Holz besonders hart und dicht. Dank dieser Härte und Dichte nimmt das Holz keine Gerüche an, ist besonders schnittfest und resistent gegen Säuren, Fette und Bakterien. Je länger das Holz luftgetrocknet ist, durchaus bis zu acht Jahren, desto besser. Im Handel gibt es Schneidebretter, Besteck, Schalen, Schüsseln uvm.

Zur Pflege mit Olivenöl einreiben!

Die Pflege ist einfach: nicht in die Geschirrspülmaschine geben, weil heißes Wasser das Olivenholz zerreißt, sondern von Hand mit etwas Spülmittel und lauwarmem Wasser reinigen. Um Kratzer zu vermeiden, nur softe Schwämme verwenden

und nicht abtropfen lassen, sondern sofort mit einem Küchentuch trocken wischen. Und damit es lange schön bleibt, nicht austrocknet und seine bernsteinfarbene Maserung behält, einfach hin und wieder mit Olivenöl einreiben!
Extra-Tipp: Es gibt auch hochwertige Spazierstöcke aus Olivenbaumholz! Was für ein ausgefallenes Geschenk ... Man muss ja nicht gleich an die Herkuleskeule denken, die der Legende nach ebenfalls aus Olivenholz war.

Italienische Reise

Dann fuhren wir durch wohl geackerte und -bestellte Weizenfelder, in schicklichen Räumen mit Oliven bepflanzt. Der Wind bewegte sie und brachte die silberne Unterfläche der Blätter ans Licht, die Äste bogen sich leicht und zierlich.

Johann Wolfgang von Goethe, 24. 2. 1787 St. Agata, Golf von Neapel, unweit des Vesuvs

Energiespender Olivenblätter-Tee

Schon Hildegard von Bingen kannte im Mittelalter die heilende Wirkung der Olivenblätter. Ich kam eher zufällig darauf, dass man die Blätter, die bei der Olivenernte ja mehr als reichlich im Netz und dann beim Grün-Abfall landen, wunderbar nutzen kann. Im Slow Food-Magazin war von Bernd Schäfer und seiner Frau Ayse zu lesen, die in der Türkei zwischen 400 Olivenbäumen leben und die in Vergessenheit geratene Art des Olivenblättertee-Trinkens wieder aufleben lassen wollen. Auf Kreta heißt der Olivenblätter-Tee Frapelia.
Wir recherchierten und fanden u. a. Informationen über Hildegard von Bingen (1098-1179), die schon im frühen Mittel-

alter Menschen mit Magen-Darm-Beschwerden mit Olivenblättertee kuriert hatte. Tatsächlich dauerte es dann aber noch bis 1850, dass Mediziner die Wirkung von Olivenblättern genauer dokumentierten und dann noch einmal bis in die 60er Jahre des 20. Jahrhunderts, dass sich auch Wissenschaftler mit den positiven Aspekten der Olivenblätter beschäftigten.
Ich probierte es aus und warf die Blätter einfach in eine Kanne mit heißem Wasser. Kein Effekt. Genauer nachlesen! Aha, erst trocknen, dann häckseln. Zweiter Versuch: wunderbarer goldgelber Tee mit nur leise bitterem Geschmack, sehr vergleichbar mit grünem Tee. Ich servierte den Tee immer öfter, und siehe da: Er schmeckt sowohl Kindern als auch notorischen Kaffeetrinkern! Und dann ist er auch noch gesund. Denn es erscheint ganz logisch, dass alle positiven Eigenschaften des Olivenöls auch in den Blättern des Baumes zu finden sind.

Oleuropein gegen Entzündungen

Und das ist in der Tat so. Erstes Stichwort, viel gehört: Antioxidantien. Sehr wichtig für unsere Gesundheit, weil sie, die auch Oxidationshemmer genannt werden, als Fänger der Freien Radikale fungieren. Diese wiederum klingen nicht nur aggressiv, sondern sind es auch, weil sie unsere Zellen zerstören, was langfristig z. B. zu Krebs führen kann. Der wichtigste antioxidativ wirkende Naturstoff des Olivenbaums ist Oleuropein, eine bittere Substanz, mit der sich der Baum vor Bakterien und Insekten schützt. Oleuropein – und das zweite Antioxidans Oleocanthal – findet man auch im Olivenöl, aber in noch höherer Konzentration in den Olivenblättern.
Wichtigster Effekt: Es wirkt entzündungshemmend. Nicht umsonst vergleicht man die Wirkung dieser Substanz mit dem Schmerzmittel Ibuprofen. Drei Esslöffel Olivenöl entsprechen 1/10 der therapeutischen Dosis von Ibuprofen.

Oleuropein wirkt auch antiviral, d. h. eignet sich zur Behandlung von Viruserkrankungen, und antimykotisch, d. h. gegen Pilze. Wahrscheinlich waren die Magen-Darm-Patienten von Hildegard von Bingen von Viren und Pilzen befallen, was bei der damaligen Hygiene nicht wundert. Jedenfalls sagt man Olivenblättertee eine entgiftende Wirkung nach. In den Mittelmeerländern, vor allem in der Türkei und in Griechenland, wird Olivenblättertee auch gern eingesetzt, um Fieber zu bekämpfen.

Stärkt das Immunsystem

Gleichzeitig stärkt das Oleuropein das Immunsystem, senkt den Blutdruck und den Cholesterinspiegel, stabilisiert den Blutzuckerspiegel und beugt durch die Förderung des Blutflusses Arterienverkalkung vor. Wie bei all diesen auch für andere Teesorten geltenden Heilungsversprechen stellt sich die Wirkung natürlich nicht nach einem Tässchen pro Monat ein. Aber da man ja sowieso rund zwei Liter am Tag trinken soll, spricht im Prinzip nichts dagegen, täglich eine Kanne Olivenblätter-Tee aufzubrühen. Er schmeckt auch im Sommer als Eistee prima mit etwas Zitrone und Zucker oder Honig. Wir empfehlen drei Teelöffel (ca. 3 g) gehäckselte Teeblätter, die man mit einem Liter kochenden Wassers aufbrüht und ca. fünf bis acht Minuten ziehen lässt. Manche lassen den Tee auch 10 bis 15 Minuten ziehen. Man hat das bald selbst heraus, welche Farbe und Stärke einem persönlich zusagt. Aber bitte nicht gerade vor dem Einschlafen trinken, denn Olivenblättertee ist anregend und gibt viel Energie.
Manche unserer Freunde, die nun regelmäßig von uns mit Olivenblättertee versorgt werden, berichten auch von merklichen Stimmungsaufhellungen. Sie hätten das Gefühl, damit die Sonne Italiens zu trinken. Das mag ja ein Placebo-Effekt sein. Aber warum auch nicht? Würden sie Olivenöl in gleichen Mengen trinken, hätten sie nämlich Durchfall!

Extra-Fundstück

Die beim Thema Nachhaltigkeit nicht zurückstehen wollenden Designer des BMW i3 nutzten 2013 für die edle Innenausstattung Olivenblätter! Zitat: „Der Gerbprozess mit Extrakten aus Olivenblättern bewahrt dem Leder seine natürliche Weichheit." Und sie entwickelten gleichzeitig ein Lederpflege-Balsam mit Bio-Olivenöl für die Pflege des hochwertigen Leders!

Olivello – Likör aus Olivenblättern

Nach dem Prinzip unseres selbstgemachten Limoncellos stellen wir inzwischen auch unseren Olivello her, einen Likör aus Olivenblättern, den wir in einem Restaurant als Verdauungslikör serviert bekamen. Daraufhin experimentierte mein lieber Mann ähnlich wie beim Olivenblätter-Tee. Um die schöne bernsteinfarben-hellgrüne Farbe zu bekommen, lege man nicht nur frische Olivenblätter, sondern auch ein paar Orangen- und Zitronenschalen in 95-prozentigen Alkohol ein, den es in Italien in jedem Supermarkt gibt. Innerhalb kürzester Zeit wird der Inhalt giftgrün.
Nach einigen Wochen siebt man die Blätter ab und verdünnt die Flüssigkeit mit einem Sirup aus Wasser und Zucker, so dass ein 34-prozentiger Likör entsteht. Also ein Drittel grüner Alkohol, ein Drittel Wasser und ein Drittel Zucker. Bei 34 Prozent friert der Likör nicht ein. Denn aus der Tiefkühltruhe schmeckt er besonders gut.
Der zart-aromatische Likör kann auch gut als „Olivello-Spritz" serviert werden, eine Kreation unserer Freundin Birgit. Also mit Prosecco aufgegossen, mit Eiswürfeln und einer Orangen- oder Zitronenscheibe als Garnitur. Der Phantasie sind keine Grenzen gesetzt.

Olivello wird aus Olivenblättern gewonnen

Seife aus Olivenöl

Olivenöl ist ideal für die Haut: Es enthält sehr viel Vitamin E, das die Haut mit Sauerstoff versorgt und dadurch ihren Alterungsprozess (Faltenbildung!) verlangsamt. Das Oleuropein im Olivenöl regt die Zellerneuerung an, und das Enzym Elastase sorgt für Spannkraft. Warum also nicht als „Anti Aging"-Unterstützung eine Seife aus Olivenöl verschenken?
Olivenseife reinigt ohne auszutrocknen, weil ihre Inhaltsstoffe den Fettmantel der Haut aufbauen. Es unterstützt die selbstregulierende Funktion der Haut und die Hautatmung, da die einfach ungesättigten Fettsäuren im Olivenöl unserem Hautfett sehr ähnlich sind. Dadurch wird es von der Haut gut auf-

genommen und verbindet sich mit dem körpereigenen Hautschutzmantel. Traditionell hergestellt, ist sie darüber hinaus frei von Konservierungs- und Parfümstoffen, unabdingbar für alle Menschen mit Hautempfindlichkeiten oder Allergien.

Olivenöl, Soda, Wasser und Kokosfett

Traditionell wird Olivenseife nur aus reinem Olivenöl, Soda und Wasser hergestellt. Dabei werden Wasser und Olivenöl miteinander verquirlt und erhitzt. Ist die Mischung heiß, wird das Soda eingerührt, bis sich eine cremige Masse ergibt. Diese wir dann in Formen gegossen und darin ausgehärtet. Um die Olivenölseife schneller hart werden zu lassen, fügt man Kokosfett hinzu. Ein hoher Anteil an Olivenöl ergibt eine grüne Seife, ein hoher Anteil an Kokosfett (oder Palmöl) eher eine gelbe. Nach dem Schmelzen von Olivenöl und Kokosfett gibt man bei 40 bis 60°C die 32-prozentige, konzentrierte Natronlauge hinzu und rührt kräftig so lange, bis die Masse breiartig verdickt.

Savon de Marseille

Die Hochburg der Seifenherstellung liegt in Frankreich, genauer in Marseille. Die Franzosen verbreiteten den Einsatz von Olivenöl zur Seifenherstellung bis nach England. Im Jahr 1688 wurde das Edikt von Colbert erlassen, das die Herstellung der Marseiller Seife (*Savon de Marseille*) aus Olivenöl regelte und die Verwendung von tierischen Fetten verbot. Mit dieser Regelung erwarb sich die Stadt Marseille ein Gütesiegel, das die Marseiller Seife bis heute bewahrt hat. Noch heute stellen meist kleinere Betriebe die Seife durch das Verseifen von Fetten und Ölen mit Laugen nach altem Rezept her. Die Verarbeitung der provençalischen Rohstoffe zu Parfümen und Seifen fand na-

türlich auch in der Parfümstadt Grasse statt. Die ätherischen Öle für die Düfte lieferten die großen Lavendelfelder in den Bergen der Provence. Lavendelseife besteht aus: *Aqua* (Wasser), *Elaeis guineesis oil* (Palmöl), *Cocos nucifera oil* (Kokosöl), *Brassica Napus Oil* (Rapsöl), *Olea Europaea Oil* (Olivenöl), *Sodium hydroxide* (NaOH), Farbstoff, Parfüm oil Lavendel.

Savonnerie Patounis 1850, Korfu

Olivenölseifen werden auch in Griechenland hergestellt. Der traditionsreichste Betrieb ist auf der Insel Korfu: Die Savonnerie Patounis hat ihren Ursprung im Jahr 1850 auf der Insel Zakynthos. Der Urenkel des Gründers, Apóstolos Patounis, schwört weiterhin auf die traditionelle Herstellung aus Olivenöl, Soda, Wasser und Salz. Die jeweilige Mischung wird eine Woche lang in großen Kesseln gesiedet, danach wird die fertige Masse in Gussformen gegeben. Hat sich die Masse etwas verfestigt, wird sie per Hand mit dem Stempel der Manufaktur versehen und in die eigentlichen Seifenstücke geschnitten. Diese werden zum Reifen, d. h. dem endgültigen Trocknen, noch vier Wochen auf Holztabletts gelagert und anschließend verpackt.

Kuriosität am Rande: 70 Prozent der Produktion geht nach Japan, und nur zwei Apotheken in Athen führen diese reine Traditions-Olivenölseife! Aber es gibt ja das Internet ...

Lichtspender Olivenöl

Unser Petroleum-Lampenöl war im Römischen Reich unbekannt. Was die alten Griechen und Römer aber ausreichend hatten, war Olivenöl – und das war (und ist) ein sehr brauchbares Brennmittel. Lampantöl, der heute noch gebräuchliche Begriff für minderwertiges, nicht zum Verzehr geeignetes Olivenöl, bezeichnet nichts anderes als Lampenöl. Mit Öllampen wurde im Altertum alles beleuchtet – Tempel wie Privathäuser. Ab etwa 500 v. Chr., nach Erfindung der Töpferscheibe, wurden Öllampen in großen Serien in speziellen Manufakturen hergestellt. Bei Ausgrabungen fanden sich deshalb vorwiegend Exemplare aus Ton, seltener aus Messing bzw. Bronze, die dann auch aufwendiger verziert waren und eher für religiöse Zwecke eingesetzt wurden. Auch den Toten gab man in ihre Gräber Lampen mit, die man in Herculaneum und Pompeji gefunden hat. So eine Öllampe ist ein flaches Gefäß mit zwei Löchern: einem Öleinfüll-Loch und einem Dochtloch in der sogenannten Schnauze. Wenn das Gefäß mit Olivenöl gefüllt ist, saugt sich der Docht voll und kann entzündet werden. Bei ideal ein-

Funktioniert auch heute noch: Römerlampe mit einem Docht, der in Olivenöl schwimmt.

gestellter Dochthöhe verschleißt er kaum und hält über viele Lampenfüllungen. Olivenöl brennt deutlich ergiebiger als Petroleum-Öl und mit „kühlerer" Flamme, das heißt, die Öllampe kann nicht so schnell überhitzen und Risse bekommen. Der Geruch ist angenehmer als der von Petroleum, auch wenn Olivenöl etwas mehr rußt.

Natürlich gibt es heutzutage auch eine DIN-Norm mit Sicherheitshinweisen für Nachbildungen antiker Öllampen, die es zu Dekozwecken längst wieder im Handel gibt. DIN EN 14059 warnt vor Vergiftungen und Lungenschädigungen durch Petroleum, etwa beim Einatmen, und empfiehlt eindeutig Olivenöl! Zitat: *„Bei der Verwendung von Olivenöl beispielsweise sind Gesundheitsgefahren durch Einatmen oder Verschlucken ausgeschlossen."*

Noch ein Beleg dafür, wie gesund Olivenöl ist, auch wenn sich die Zahl der Haushalte, in denen antike Öllampen verwendet werden, sicher in überschaubaren Grenzen hält!

Heimatländer und Sortenvielfalt

Heimatländer und Sortenvielfalt

Ode an das Olivenöl

Ich liebe
die Heimatländer des Öls,
die Olivenhaine
von Chacabuco, in Chile,
morgens
die Federn aus Platin
in den Hainen,
vor den faltigen
Bergketten
in Anacapri, oben,
über dem tyrrhenischen Licht,
die Verzweiflung der Oliven,
auf der Landkarte Europas:
Spanien,
Korb schwarz vor Oliven
bestäubt von den Orangenblüten
wie von einer Meeresböe.

Pablo Neruda, 1904–1973

Heimat I – Mittelmeer-Liebling: Spanien, Italien, Griechenland, Portugal, Frankreich

Olivenöl aus Südafrika oder Neuseeland, Mexiko oder Chile? Ja, Olivenbäume sind auch dort zu finden, teils als wilde Spezies, teils später angesiedelt. Sie fühlen sich dort ohne Frost recht wohl und tragen Früchte. Aber drei Viertel

der Produktion machen die Olivenbaum-Ursprungsländer im Mittelmeerraum aus, von denen wir in unseren Breitengraden auch das meiste Olivenöl beziehen. Generell kann man sagen, dass dort, wo in südlichen Gefilden Wein gedeiht, auch Olivenbäume wachsen. Oft fallen Wein- und Olivenernte zusammen, was die Bauern nicht selten vor Probleme stellt.
Laut International Olive Oil Council wurden in den letzten Jahren 2020/2021 weltweit rund 3,1 bis 3,2 Millionen Tonnen Olivenöl gewonnen – von 850 Millionen Olivenbäumen. Über die Hälfte aller Olivenbäume, nämlich 480 Millionen, stehen in den neun Olivenöl produzierenden Mittelmeerländern der EU, die daraus 2,5 Millionen Tonnen Olivenöl gewonnen haben. Als Weltmarktführer produziert die EU 67 Prozent der Weltproduktion. Das war schon mal mehr.
Knapp 60 Prozent davon entfallen allein auf Spanien, Griechenland und Italien.
Im Verbrauch sind die Europäer mit rund 50 Prozent (vor 10 Jahren noch 66 Prozent) weltweit nicht mehr führend. Die Bevölkerung im asiatisch-pazifischen Raum und in Nordamerika holt auf. Olivenöl wird auch dort aufgrund der Popularität der mediterranen Kost immer beliebter.

Spanien: Picual aus Andalusien

Spanien produziert weltweit das meiste Olivenöl. Von der Welternte entfallen ca. 45 bis 50 Prozent auf Spanien mit seinen 215 Millionen Olivenbäumen. Zur Olivenernte der EU steuert Spanien 75 Prozent bei. Selten geht es hier romantisch zu: Auf riesigen Feldern stehen die Olivenbäume wie Hecken in Reih und Glied und werden mit Hilfe großer Erntemaschinen vollautomatisch geerntet. Wichtigste Oliven-Region ist Andalusien mit 23 offiziell anerkannten Anbau- und Erzeugerregionen (*Denominación de Origen Protegida/DOP*) für

Olivenöl (*aceite de oliva virgen*). Hier werden bis zu 90 Prozent der Erträge erzielt – von rund 200 verschiedenen Olivensorten. Die bekanntesten sind – in alphabetischer Reihenfolge: Arbequina, Blanqueta, Carrasqueña, Cornicabra, Empeltre, Gordal, Hojiblanca, Lechín, Manzanilla, Manzanilla cacereña, Picual, Verdial.

Picual ist die wichtigste spanische Olivensorte, sie wird inzwischen auch in Israel, Neuseeland, Ägypten und Kalifornien angebaut. In Spanien findet man sie in Córdoba, Granada, Jaén und in Kastilien-La Mancha. Ihr Name kommt von ihrer Form: Sie ist nicht abgerundet, sondern hat eine kleine Spitze, *pico*.

Das zweitwichtigste Anbaugebiet ist Katalonien, hier liegen die Olivenhaine vor allem an der Costa Brava, der Costa Dorada und in der Provinz Lleida (Lerida). Viele Genossenschaften bieten dort Führungen an, um dem Besucher den Prozess der Olivenölerzeugung nahezubringen; u. a. gibt es Ölmuseen und einen Themenpark des Öls in Les Borges Blanques, der mit insgesamt 54 1000-jährigen Olivenbäumen aufwartet.

Italien: größter Exporteur

Italien steuert rund 15 Prozent zur Welternte bei, ist aber der größte Exporteur. Der Grund: Da sich italienisches Olivenöl am besten verkauft, werden häufig spanische oder griechische Olivenöle nach Italien gebracht, um dort abgefüllt und als „italienisch“ in Deutschland verkauft zu werden! 70 Prozent des Olivenöls im deutschen Markt sind (angeblich) italienisch. Die am meisten verbreiteten Sorten sind Frantoio und Leccino. Hier führe ich nur die für die Region typischen, teilweise autochthonen Sorten auf.

Oliven-Gebiete sind:

- Ligurien mit den bekannten Sorten Taggiasca, Razzola (Region La Spezia), Mortino, Lizona, Lavagnina
- Gardasee-Region mit Casaliva , Moraiolo
- Friaul-Julisch Venetien (Friuli Venezia Giulia) mit Bianchera (slowenisch-kroatisch Belica)
- Emilia Romagna mit Nostrana di Brisighella, Ghiacciola, Correggiolo
- Toskana mit den weitverbreiteten Sorten Leccino, Frantoio, Moraiolo
- Umbrien mit Moraiolo, Pendolino, San Felice
- Marken (Le Marche) mit Raggia, Mignola, Piantone di Mogliano, Ascolana Tenera, Sargano
- Abruzzen mit Dritta, Gentile di Chieti, Nebbia
- Molise mit Gentile di Larino, Cerasa, Saligna di Larino
- Latium mit Itrana, Gaeta, Canino, Carboncella, Rosciola
- Kampanien mit Carpellese, Ogliarola, Ravece
- Apulien mit Peranzana, Coratina, Ogliarola
- Basilicata mit Ogliarola, Fasolina, Rapollese
- Kalabrien mit Carolea, Tondina, Roggianella
- Sizilien mit Nocellara Etnea, Biancolilla, Cerasuola, Tonda Iblea
- Sardinien mit Bosana, Tonda di Cagliari, Semidana, Corsicana

Im süditalienischen Apulien bedroht seit Oktober 2013 das aggressive Feuerbakterium Xylella fastidiosa die Olivenbäume. 21 Millionen Bäume, so der Bauernverband Coldiretti, soll das Bakterium nach Schätzungen in der Region befallen haben. Der Schaden wird auf 1,2 Milliarden Euro beziffert. Die Bäume sterben und hinterlassen eine verdorrte Geisterlandschaft. Die Olivenernte ist innerhalb von fünf Jahren um 80 Prozent eingebrochen. Nachdem anfangs infizierte Olivenhaine zum Teil unter heftigen Protesten gerodet werden mussten, suchen

Forscher inzwischen fieberhaft nach anderen Lösungen, etwa in Form von Impfungen oder das Aufpfropfen resistenter Sorten wie Leccino und FS-17 (Favolosa).
Das Perfide: Das durch die Wiesenschaumzikade übertragene Bakterium breitet sich langsam auch gen Norden aus. Und es beschränkt sich keineswegs auf Olivenbäume. Bedroht sind auch Zitrusfrüchte, Obstbäume, Mandelbäume, Oleander, Rosmarin und Weinreben!

Griechenland: Mythos aus Kreta & Co.

Oliven sind für Griechenland mehr als nur ein Agrarprodukt, es ist eine Art nationales Kulturgut und gleichzeitig wichtigstes Exportprodukt. Meist werden die Oliven nach Italien exportiert, dort gepresst und kommen somit nicht als griechisches, sondern als italienisches Olivenöl in den Handel.
In Griechenland wird Olivenöl vorwiegend auf dem Peloponnes produziert, vor allem in der Region Messenien um den Hafen von Kalamata – so heißt auch eine der bekanntesten griechischen Sorten, sehr beliebt als Tafelolive (auch Kalamon). Oliven gedeihen außerdem auf der Halbinsel Mani im Regionalbezirk Lakonien und natürlich auf den Inseln Lesbos, Thasos und Kreta. Hier wuchsen die ersten Olivenbäume bereits 3000 v. Chr.. Auf Kreta wachsen 25 Millionen Olivenbäume, ein Fünftel aller Ölbäume Griechenlands. Am meisten verbreitet ist hier die Koroneiki-Olive.
Insgesamt zählt man über 25 Olivensorten, aber über 80 Prozent der griechischen Oliven sind Konservoliá-Oliven aus Zentral-Griechenland. Je nach Herkunftsregion können sie den Zusatz Amphissa, Atalanta oder Stilidas tragen. Regional verbreitete Sorten sind etwa Tsounati, Mastoidis und Nafplion.

Farbenspiel in der Provence: Lavendelfelder neben Olivenbäumen

Portugal: klein aber fein

Auf der iberischen Halbinsel produziert auch Portugal Olivenöl (8. Platz der Weltproduktion), etwa im Alentejo, Ribatejo und im Gebiet Trás-os-Montes, in insgesamt sieben DOP-Regionen. Vier Fünftel der Ernte basieren auf den kleinen Oliven der Sorte Galega; außerdem gibt es noch Carrasquenha und Rendondil.

Frankreich: mit Herkunftsgarantie

Frankreich hat als erstes Land für die Öle eine amtliche Herkunftsbezeichnung eingeführt, die für Unverfälschtheit, Qualität, Sorte und Herkunft der verwendeten Oliven bürgt. Der

Anteil am Weltmarkt ist allerdings sehr gering (20. Platz).

Im Süden Frankreichs gibt es sieben Oliven-Gebiete mit Ursprungsbezeichnungen (AOC). Die Olivensorten heißen Cailletier (Gebiet Alpes-Maritimes, auch als Niçoise oder Nizza-Olive bekannt), Tanche (Gegend um Nyon, auch „la perle noire", „schwarze Perle" genannt), Picholine (Provence - und Marokko), Verdal, Grossane, Aglandau (um Marseille, auch bekannt als Beruguette, Blanquette, Plant d`Aix oder Verdale), Germaine, Salonenque, Ribier, Bouteillan, Négrette (aus der Petit Camargue, sehr winterhart) sowie Oliven à la Grecque. Letztere kommen nicht aus Griechenland, wie der Name vermuten lässt, sondern aus Südfrankreich und Nordafrika, etwa aus Marokko. Man kennt sie als schrumpelige schwarze Tafelolive.

Wie in vielen Ländern gibt es auch in Frankreich Olivenölmuseen, etwa in der Provence, im Lubéron im Ort Oppède „La Royère".

Heimat II – Sonstige EU-Länder: Slowenien, Kroatien

An der Grenze zur italienischen Region Friaul-Julisch-Venetien baut Slowenien in der Küstenregion Primorska, im Hinterland der Hafenstädte Portoroz und Piran, Oliven an. Das slowenische Istrien ist eines der nördlichsten Gebiete, wo der Olivenbaum noch wächst; hier ist die Sorte Belica vorherrschend, aber auch die italienische Leccino.

Kroatien: eigene Sorten

Entlang der Adriaküste und auf den kroatischen Inseln findet man zahlreiche Olivenhaine; Hauptgebiete sind Dalmatien

Wein und Oliven rund um Motovun in Kroatien

Mit solchen Mahlsteinen wurden in der Antike mittels Mannes- oder Vierbeinerkraft die Oliven zerkleinert.

und Istrien. Der Reichtum der Halbinsel Istriens im Hinterland von Poreč basiert auf dem Olivenanbau, der auf eine Tradition von über 2000 Jahren zurückgeht. Hier wachsen die Sorten Bjelica, Moražola (Moraiolo in Italien), Pendolino (auch in Italien verbreitet), Buža und Istarska.

Heimat III – Östlicher Mittelmeerraum: Türkei, Albanien, Syrien, Israel und Palästina

Der Ursprung des Olivenbaums liegt wohl im Raum um das östliche Mittelmeer (im heutigen Gebiet von Palästina, Israel, Libanon, Syrien und der östlichen Türkei). Dort wurde der wilde Olivenbaum erstmals etwa 4000 Jahre v. Chr. vom Menschen als Nutzpflanze kultiviert und breitete sich von dort um das Mittelmeer herum aus. Auf dieses Datum, deuten archäologische Funde in Syrien und auf Kreta hin.

Türkei: drei Olivenbäume pro Kopf

Türkisches Olivenöl gibt es bei uns so gut wie gar nicht, dabei steht die Türkei an 5. Stelle der Weltmarktproduktion. Produziert wird aber zu 90 Prozent für den Bedarf im eigenen Land. Als die Spanier 2012/13 einen Ernte-Einbruch hatten, sprangen die Türken mit ihren Oliven ein.

Auf jeden türkischen Staatsbürger kommen mehr als drei Olivenbäume. Insgesamt stehen in der Türkei 250 Millionen Olivenbäume, sehr viele davon an der Westküste zum Ägäischen Meer hin.

50 verschiedene Olivensorten gibt es, die auf eine weit in die griechische Zeit zurückreichende Tradition blicken, wie Koroneiki, Lamponia, Kolovi oder Throumpolia. Die Namen der meisten Sorten spiegeln auch ihre Herkunftsregion wider wie

Edremit, Izmir, Marmara oder Gemlik (im Altertum: Kios). Letztere ist eine Hafenstadt am Marmarameer, benannt nach der Olivensorte, die auch in Antalya z. B. angebaut wird. Die Region um Gemlik gilt mit 18 Prozent der türkischen Olivenproduktion als eines der größten Anbaugebiete des Landes.
Mit zwei Millionen Olivenbäumen liegt das größte Oliven-Anbaugebiet allerdings in Ayvalik an der ägäischen Küste gegenüber der griechischen Insel Lesbos. Hier lebt ein großer Teil der Bevölkerung vom Olivenanbau in kleinen Ölmanufakturen. In den nostalgischen und verwinkelten Gassen findet man immer noch Olivenölseifen-Hersteller. Im Winter, wenn die Oliven geerntet und gepresst werden, liegt ein feiner Olivenölduft über der Stadt. Eines der größten Olivenölmuseen der Welt befindet sich unweit von Izmir (ehemals Smyrna): Im Urla-Olivenölmuseum kann man noch den archaischen Prozess der alten Steinmühlen besichtigen.

Albanien: Olivenbaum zur Hochzeit

„Olivenbäume sind so alt wie unser Land", heißt es in Albanien. Also 2.500 Jahre! Verschiedene Landesgegenden, so auch das Hügelgebiet in der Umgebung von Tirana, sind seit alters her für ihre oft terrassenförmig angelegten Olivenhaine berühmt. Die Steinmauern wurden einst angelegt, um der Bodenerosion entgegenzuwirken. 1,3 Millionen Bäume sind hundertjährig und älter, wurden aber vernachlässigt. Zwischen ihnen weiden Ziegen und Schafe, fressen die Gräser und Kräuter und sorgen für natürlichen Dünger.
Oliven spielen hier wie in anderen Mittelmeerländern eine große Rolle im alltäglichen Leben, aber auch im kulturellen Bereich. Früher mussten frisch verheiratete Paare als erstes einen Olivensetzling einpflanzen, bevor die Behörden die Heirat anerkannten. Noch heute gilt die Volksweisheit, ein Mann könne

erst heiraten, wenn er zehn Olivenbäume gepflanzt habe. Und die typische Bohnensuppe, eines der Hauptgerichte der Landbevölkerung, wird nie serviert, ohne diese kurz mit zwei, drei Löffeln Olivenöl aufgekocht zu haben.
Die Oliven werden von Hand, mit einfachsten Mitteln, geerntet. Der Großteil dient der Selbstversorgung, sei es als Tafeloliven oder als Olivenöl, das in einer benachbarten Mühle gepresst wird. Überschüsse werden auf dem Binnenmarkt verkauft. Zur Zeit des osteuropäischen Wirtschaftsbündnisses „Comecon" war auch der ausländische Absatzmarkt gesichert, doch seit dem Zusammenbruch der kommunistischen Systeme ist der Export bislang völlig eingebrochen.
Inzwischen wird albanisches Olivenöl in die USA, nach China und in die Schweiz verkauft. In Deutschland ist Olivenöl aus Albanien eine absolute Seltenheit. Googelt man nach Olivenöl aus Albanien, kommt nur sehr wenig. Kein Wunder, bei nur 10 Tonnen Olivenernte im Jahr.
Einige der bekanntesten albanischen Olivensorten sind Kalinjot, Kripi i Beratit, Bardhi i Tiranës, Kripsi i Elbasanit, Mixan und Himara.

Syrien: Olivenölseife aus Aleppo

Die Ursprünge des Olivenbaums liegen aller Wahrscheinlichkeit nach in Syrien und Palästina, genauer im gelobten biblischen Land Kanaan, das bekanntlich im Überfluss lebte – *„Das Land, in dem Milch und Honig floss."* Auch Wein und kostbares Olivenöl flossen dort in Strömen. Aus der antiken Stadt Ebla im Norden Syriens stammt eine der ältesten Nennungen von Oliven auf einem Tontäfelchen, nämlich um 2500 v. Chr.
In Syrien sollen mehr als 70 Millionen Olivenbäume wachsen. Die bekanntesten Sorten sind Zaiti, Sorani, Khodieri, Doebli, Dan und Jlot. Allerdings sind seit dem Ausbruch des Bürger-

kriegs 2011 mit 13 Millionen Flüchtlingen viele Olivenhaine verwaist. Die Landwirtschaft, also auch die Olivenöl-Produktion, liegt brach.
In Aleppo wird seit über 1000 Jahren eine Seife aus Oliven- und Lorbeeröl handgefertigt, die Frauen und Männer seit jeher im Orient hochgeschätzt haben. Die Olivenölseife kann nur in den kühlen Monaten Dezember bis März produziert werden. Das Verfahren wurde über die Jahrhunderte hinweg wenig verändert. Olivenöl wird dazu in großen Kesseln mit in Wasser gelöstem Natron gemischt, auf über 200 Grad Celsius erhitzt und solange gerührt, bis das Olivenöl vollständig in Glyzerin und das Natriumsalz des Olivenöls zerfällt. Gegen Ende des Prozesses wird Lorbeeröl zugesetzt.
Die Heilungseigenschaften der Olivenölseife bei überempfindlicher Haut, bei Allergien und neurodermatologischen Erkrankungen werden gerühmt. Will man Plastik sparen, bietet sich das Waschen und Duschen mit einer Olivenölseife aus Aleppo an – und man unterstützt die vom Krieg gebeutelten Menschen.

Israel und Palästina: kein Friedenssymbol in Nahost

In Israel sollen über 10 000-jährige Olivenkerne gefunden worden sein, andere Quellen sprechen von 6000 Jahre alten Olivenkernen und dutzenden von antiken Ölpressen aus dieser Zeit. Wie dem auch sei: Seit biblischen Zeiten ist in Israel eine ganze Kultur rund um das Olivenöl entstanden.
Das Olivenöl und dessen segensreiche Eigenschaften werden in der Bibel an verschiedenen Stellen gelobt und besungen, die Rede ist etwa vom *„Land mit ölreichen Olivenbäumen und Honig"* (5. Mose 8,7).

1000 oder gar 2000 Jahre alt: Olivenbaum in Jerusalem

Im Norden Israels, in Galiläa, war Olivenöl schon im 6. Jahrtausend vor Christus wichtige Handelsware und Konsumgut. Hier baut die arabisch-palästinensische Bevölkerung seit Jahrtausenden in Familientradition Oliven an, etwa die Sorten Barnea oder Nabali.

2021 hat die Israel Antiquities Authority (IAA) die Entdeckung einer 1.200 Jahre alten Olivenölseifenfabrik in der Nähe von Rahat, einer Beduinenstadt im Süden Israels, bekannt gegeben. Laut IAA wurde die Fabrik im Haus einer wohlhabenden Familie gefunden. Archäologen glauben, dass der Reichtum der Familie aus dem Verkauf der Olivenölseife stammte. Das Olivenöl wurde mit der Asche der Quellerpflanzen vermischt, die aus Kaliumsalzen und Wasser bestehen.

Heute sind die Olivenhaine leider trauriger Schauplatz des ewigen Kriegs zwischen israelischen Siedlern und Palästinensern. Ganze Olivenhaine werden abgeholzt oder in Brand gesteckt. Zum Opfer des Nahost-Konflikts werden auch teils über 2000 Jahre alte Olivenbäume, die noch aus der Römerzeit stammen. So ein Baum liefert leicht rund 200 bis 300 Kilo Oliven.

Tatsächlich ist das wichtigste palästinensische Exportprodukt das kaltgepresste Olivenöl und somit Hauptüberlebensquelle für viele palästinensische Familien. Für die Palästinenser ist der Olivenbaum ein gesegneter Baum, denn so steht es auch im Koran. Seit Beginn der zweiten Intifada im September 2000 ernten die palästinensischen Bauern ihre Oliven oft unter Lebensgefahr, weil sie von israelischen Siedlern oder vom Militär bedroht, belästigt und am Ernten gehindert werden.

Andere Olivenhaine von Palästinensern liegen heute für diese unerreichbar in militärischen Sicherheitszonen, vor allem hinter der neun Meter hohen Mauer zwischen Israel und dem Westjordanland, die den Frieden sichern soll. Für deren Bau wurden außerdem ganze Olivenhaine von Baggerkränen brachial aus der Erde gerissen und abtransportiert. Leider ist hier das Friedenssymbol Olivenzweig wirkungslos.

Heimat IV - Andere Kontinente: Nordafrika, USA, Argentinien, Australien

Während der Olivenbaum in Nordafrika und auch in Israel und Palästina schon immer heimisch war, ist er in den USA und in Australien erst später angekommen. Die spanischen Eroberer brachten im Zuge der Kolonisation den Olivenbaum nach Nord- und Südamerika. Man datiert die erste Anpflanzung auf 1560 in Lima, Peru. Von dort aus gelangte er über Mexiko bis Kalifornien und Hawaii.

Nordafrika: Großlieferant

Das billig produzierte Olivenöl aus Nordafrika wird häufig *en vrac* (in Containern) nach Spanien und Italien verschifft, um dort mit anderen Olivenölen vermischt, verschnitten und abgefüllt zu werden. Das Herkunftsland tritt gar nicht mehr in Erscheinung. Nur wenige hochwertige Bio-Produzenten versuchen einen anderen Weg.

Angesichts der langen Oliven-Tradition der nordafrikanischen Völker ist die Massen-Entwicklung schwer bedauerlich. Denn von hier aus, d. h. vom südlichen Mittelmeer, wanderte das Oliven-Wissen erst nach Spanien – genauer von Libyen nach Tunesien, Algerien und dann über Marokko und die Straße von Gibraltar. Nur hießen die Länder damals natürlich nicht so. Wir sprechen von der Zeit um 145 v. Chr., nach dem dritten Punischen Krieg, in dem sich Rom und Karthago zum letzten Mal bekriegten.

Kleiner Geschichtsexkurs: Karthago war eine große Hafenstadt in der Nähe des heutigen Tunis, seine Bewohner waren die Punier (daher „punischer Krieg“), abgeleitet von Phönizier. Noch sehr viel später erinnern an diesen arabischen Einfluss die spanischen Wörter für Öl (*aceite*), Olive (*aceituna*) und Olivenbaum (*acebuche*). Die Verbreitung des Olivenwissens im Römischen Reich erfolgte ebenfalls nach dem 3. Punischen Krieg. Vor allem von Tunesien aus kamen die Kultivierungs- und Olivenölgewinnungstechniken sowie die Artenvielfallt über Sizilien und Sardinien auf den italienischen Stiefel. Gleichzeitig begannen die Römer, in Tunesien und später um das gesamte Mittelmeer neue Olivenhaine anzulegen und zu bewirtschaften und das Öl zu importieren. Selbst Mitte des 2. Jh. n. Chr. stellten Tunesier mehr und qualitativ hochwertigeres Olivenöl her als die Produzenten auf dem italienischen Festland.

Tunesien: Auf dem Weg zur Eigenständigkeit

Mehr als 500 000 Familien der insgesamt knapp 12 Millionen Einwohner Tunesiens leben von der Olivenöl-Herstellung. Was wenige nämlich wissen: Tunesien ist das weltweit drittgrößte Olivenöl-Exportland! Die Ölbäume wachsen im Sahel, der schon in römischer Zeit den Löwenanteil zur Versorgung der Hauptstadt Rom lieferte. 82 Millionen Olivenbäume bedecken rund 1,8 Millionen Hektar Land.
Das macht über 30 Prozent des tunesischen Ackerlandes aus. Die Olivenbäume sind zwischen 500 und 1500 Jahre alt. Da sie als Symbol für Weisheit gelten, heißt die älteste islamische Universität in Tunesien auch *al-Zitouna*, der Ölbaum.
Die Hauptsorte im Süden ist die Chemlali, eine alte Olivensorte, die in den Ausläufern der Sahara nach wie vor angebaut wird. Der Chemlali-Olivenbaum ist außergewöhnlich widerstandsfähig gegenüber Hitze und Schädlingen, seine Olivenfrucht ist sehr klein. In den fruchtbaren Gebirgsregionen im Norden Tunesiens herrscht die größere Sorte Chetoui vor, und an wilden, teilweise Jahrhunderte alten Olivenbäumen reifen Oueslati-Oliven heran. Diese für den Norden des Landes typische Sorte braucht viel Sonne und Regen. Auch die

Olivenbäume so weit das Auge reicht: Plantage in Tunesien

griechische Koroneiki gedeiht in Tunesien prächtig. Bei 85 Prozent der Olivenplantagen wird auf chemische Düngung und Pflanzenschutz verzichtet.

Die Qualität des tunesischen Olivenöls spiegelt sich auch in internationalen Awards wider. So sind bei der World Olive Oil Competition (NYIOOC) 2022 über 30 tunesische Öle prämiiert worden. Zu diesem alljährlichen Wettbewerb werden 1.200 Olivenöle aus 28 Ländern eingeschickt, die von 21 Experten-Teams in elf Ländern verkostet werden. Klar führen hier Italien und Spanien mit über 150 ausgezeichneten Olivenölen, gefolgt von den USA mit knapp 100. Aber allein die nicht ganz billige Teilnahme an solchen Wettbewerben zeigt den Ehrgeiz der tunesischen Produzenten. Leider verkaufen viele ihr Öl noch weit unter Wert, damit es als Verschnitt an-

Keine Fata Morgana: Oase mit Olivenbäumen im Atlasgebirge in Marokko

deren Olivenölen beigemischt wird. Auf dem Etikett steht dann „Mischung von Olivenölen aus der Europäischen Union und aus Drittländern“. Schade.

Marokko: Lieferant von Tafeloliven

In Marokko wird aus Baldi Picholine, auch Picholine Marocaine genannt, fast das gesamte Öl gewonnen. Es gab finanzielle Anreize von der Regierung, um die Anbaufläche von Oliven von gerade mal 1 000 Hektar im Jahr 1999 auf 800 000 Hektar im Jahr 2010 auszuweiten. Weitere zehn Jahre später sind es bereits 1,2 Millionen Hektar mit einer Ernte von 140 000 Tonnen. Damit hat sich Marokko den 5. Platz unter den Olivenöl-Lieferanten gesichert. Heute schon ist

das Land nach Griechenland der zweitgrößte Lieferant von Tafeloliven.
Der Oliven-Anbau stellt in Marokko eine Alternative zu den lukrativen, aber illegalen Cannabis-Anpflanzungen dar. Zudem wirken die Bäume der Ausbreitung der Wüste in dem von langen Dürren gebeutelten Land entgegen.

USA, Kalifornien: Öl aus spanischen und italienischen Sorten

Die ehemalige US-First Lady Michelle Obama besitzt seit Mai 2012 ihren eigenen, 1400 Jahre alten Olivenbaum: Allerdings nicht im eigenen Land, in Kalifornien, wo auch Olivenbäume angebaut werden, sondern in Europa, genauer im italienischen Ort Lecce in Apulien. Als Anerkennung für ihr Engagement für einen gesunden Lebensstil hat die süditalienische Provinz ihr den Olivenbaum namens „La Regina" (die Königin) geschenkt. Vor ca. 400 Jahren wurde die Kultur des Olivenbaumes von den Spaniern nach Südamerika, Mexiko und Kalifornien gebracht. Chile, Uruguay, Argentinien und Kalifornien sind immer noch Länder, wo Olivenbäume zur Olivenölgewinnung kultiviert werden. Kalifornien steuert aber nur 0,5 bis ein Prozent zur Weltproduktion bei.
Kalifornisches Olivenöl wird aus spanischen Sorten wie Arbequina, Mission- und Sevillano-Oliven (letztere sind in der Provinz Sevilla als Gordal bekannt) gewonnen und aus den italienischen Sorten Ascolana, Frantoio, Leccino, Moraiolo und Pendolino – übrigens alle auch in den mittelitalienischen Marken/Le Marche beheimatet!
Nach Angaben des Verbands der Olivenproduzenten werden nur zwei Prozent des lokalen Verbrauchs im Land produziert. Und das obwohl seit 150 Jahren Oliven in den USA angebaut werden und der US-Markt mit 80 Millionen

Gallonen = 300 Millionen Liter pro Jahr der größte neben Europa ist. Es sind junge Produzenten, die mit High-Tech – Stichwort Erntemaschinen - und höchsten Qualitätsansprüchen dabei sind, den Weinproduzenten nachzueifern, die einstmals von den Europäern belächelt wurden, aber längst in der Weltspitze mitmischen.

Argentinien: Ernte im April und Mai

Das Olivenöl kam im 18. Jahrhundert aus dem Mittelmeerraum nach Argentinien. Es waren Einwanderer, Franzosen und Spanier, die um 1900 die ersten Olivenbäume im Westen und Nordwesten Argentiniens am Fuße der Anden pflanzten, etwa in der Provinz Mendoza, in Cuyo, La Rioja, Catamarca und San Juan. Die Hauptsorte, eine große, fleischige Olive, heißt Arauco, die es auch in Spanien gibt. Es werden aber dort, wo Wein gedeiht, auch europäische Sorten angebaut: spanische Arbequina und Picual oder italienische Frantoio- und Coratina-Oliven. Und man lässt sich bei der Entwicklung international helfen, mit israelischer Bewässerungstechnologie und italienischer Verarbeitungstechnik.

Bis in die 30er Jahre konsumierten die Argentinier selbst sehr viele Oliven und Olivenöl. Nach einem jahrzehntelangen Einbruch erlebte Olivenöl erst Anfang der 90er Jahre ein Revival. Heute ist Brasilien der Hauptabnahmemarkt für argentinisches Olivenöl und Tafeloliven, obwohl das Nachbarland selbst Olivenöl produziert. Die Olivenernte findet hier übrigens in den Monaten April und Mai statt.

Australien: alles aus Europa für China

Der fünfte Kontinent bedient sich sämtlicher Sorten der Mittelmeerländer und baut sie mit unterschiedlichem Erfolg an. Als Tafelolive wird die Azapena oder Sevillana de Azapa aus Chile bevorzugt, die dort übrigens 90 Prozent der Ernte liefert. Für die Olivenöl-Gewinnung wird gern die aus Israel stammende Barnea genommen. Im weiten Land von Australien lassen sich die Bäume extrem dicht anpflanzen, mit rund 400 Bäumen pro Hektar.

Zum Vergleich: Beim traditionellen Anbau passen 30 bis 200 Bäume auf einen Hektar (im Abstand von 7 bis 20 Metern); beim intensiven Plantagen-Anbau sind es 250 bis 600 Bäume pro Hektar (6 bis 8 Meter Abstand zwischen den Reihen und 3 bis 4 Meter zwischen den Bäumen); beim superintensiven Anbau, wo nur noch maschinell geerntet wird, stehen 1.650 bis knapp 3.000 Bäume auf einem Hektar (3 bis 4 Meter zwischen den Reihen und knapp einen bis anderthalb Meter zwischen den Bäumen).

Die kleinen Oliven aus der Frantoio-Familie, zu der Frantoiano, Correggiola oder Correggiolo, Razzo und Gentile gehören, werden in Australien oftmals unter dem Namen Paragon angebaut. Auch die griechische Koroneiki steht in Australien hoch im Ansehen. Eine australische Besonderheit sind die großen Oliven Hardy's Mammoth, die auch als Tafelolive aufgrund ihrer Größe gängig ist.

Schließlich hat Verdale eine gewisse Bedeutung, die sich von der mittelmeerischen Verdial, die ursprünglich aus Südfrankreich stammt, unterscheidet. Die südaustralische Verdale ist größer und oval, wiegt 7 bis 10 g. Die Wagga Verdale hat hingegen kleinere Früchte. Sie ist in Südaustralien die verbreitetste Sorte.

Neuer Absatzmarkt China

Interessant für den australischen Export ist der chinesische Markt, denn wohlhabende Chinesen kochen zunehmend mit Olivenöl. Umgekehrt kaufen sich die Chinesen auch in Australien ein: chinesische und asiatische Investoren besitzen knapp zehn Prozent der australischen Olivenöl-Produktion. Aber in jüngster Zeit, etwa während der Corona-Pandemie, gab es erhebliche Irritationen im Handelsverkehr mit China. In China wird immer mehr Geld für importiertes Olivenöl

Inbegriff mediterranen Glücks: Olivenbaum mit Meerblick

ausgegeben, seitdem die Chinesen auf Reisen Olivenöl vor allem in der kalten Salatküche kennengelernt haben. Denn für das in China beliebte Hochtemperatur-Braten in Woks ist Olivenöl nicht geeignet, weil das hochwertige Extra-Vergine-Öl mit seiner hohen Konzentration an organischen Bestandteilen bei über 190 Grad zu rauchen anfängt.
Wen wundert es, dass China inzwischen selbst einen kleinen heimischen Olivenölmarkt mit lokalen Landwirten aufbaut.

In der Provinz Sichuan, die sich in Süd-Zentralchina befindet und ein ähnliches Klima wie im Mittelmeerraum aufweist, werden Olivenbäume ebenso gepflanzt wie in der Nachbarprovinz Gensu rund um Longnan. Bereits in den 1960er Jahren gab es erste Anfänge, als 1.500 Junghölzer aus Albanien nach Yunnan geliefert wurden. Es gibt wie immer in China ehrgeizige Ziele: Die Fläche von derzeit rund 40.000 Hektar, auf der Olivenbäume wachsen, soll sich in den nächsten Jahren verfünffachen. Ein Öl, Olive Times Whispering Flowers, aus der italienischen Sorte Frantoio, hat es bereits zu einem IOOC-Award gebracht!

Heimat V - Insel-Träume: Zypern, Malta, Mallorca

Ich habe ein Herz für die Kleinen, d. h. für die unbekannten Regionen, die sich voller Hingabe einer Tradition widmen, in diesem Fall dem Olivenanbau. Was liegt da näher, als einen Blick auf Inseln zu werfen, diese Kleinode mit Mikroklima und oft eigenwilligen Bewohnern, die oft so knorrig sind wie die Olivenbäume. Es müssen nicht immer Kreta und Sizilien sein. Man weiß ja, dass von dort exzellentes Olivenöl kommt.

Wer aber kennt schon zypriotisches oder maltesisches Olivenöl? Zypern und Malta verstecken sich hinter „sonstige EU-Staaten, die Olivenöl produzieren“. Wer immer seinen Urlaub dort verbringt, wird dort – hoffentlich - einheimisches Olivenöl serviert bekommen. Das in kleinen Betrieben produzierte Olivenöl wird so gut wie gar nicht exportiert, es sei denn von „Aficionados“, Liebhabern, die – Internet sei Dank – einen Online-Shop betreiben. Meist haben sie selbst dort ein Zweitdomizil, wie wir in den Marken, und entdecken ihre Liebe zum unverfälschten Lebensmittel Olivenöl.

Zypern: internationale Oliven

Seit über 5000 Jahren wird der Olivenbaum auf Zypern kultiviert. Der berühmteste Olivenbaum der geteilten Insel ist wahrscheinlich über 800 Jahre alt und steht im Dorf Anglisides, an der Straße zwischen Lemesos und Larnaca. Sein Durchmesser beträgt 15 Meter. Der älteste Kaufvertrag, der den Handel mit Olivenöl auf Zypern beurkundet, stammt aus der Zeit um 2.500 vor Christi Geburt. Damals wie heute zählen Oliven und Olivenöl zu den wichtigsten Agrarprodukten der Mittelmeerinsel. Von den über 1,3 Millionen Olivenbäumen wird rund die Hälfte agrarwirtschaftlich genutzt. Das Klima auf Zypern mit seinen trockenen und langen Sommern und seiner kurzen, milden Winterperiode ist außergewöhnlich gut geeignet, um Oliven anzubauen. Verschiedene Sorten gedeihen in Küstengebieten bis auf 900 Metern Höhe! Die Zyprioten lieben ihre Olivenbäume so sehr, dass fast in jedem Hof und vor jedem Haus Olivenbäume wachsen. Auch die Flagge der Republik Zypern zieren zwei Olivenzweige. Entsprechend der bewegten Geschichte Zyperns gibt es sowohl die griechischen Sorten Koroneiki, Kalamon (oder Kalamata) und Amfissis als auch die spanischen Manzanilo (oder Manzanilla) und Pikoual (oder Picual).
Tipp für Urlauber: In der Nähe von Pachna befindet sich das „Oleastro“, ein wunderschön angelegter Park, in dem anschaulich gezeigt wird, wie in alter Zeit Öl gewonnen wurde.

Malta: vergessene weiße Olive!

Schon die phönizischen Händler haben in den Jahrhunderten vor Christi Geburt Olivenbäume auf Malta angepflanzt. Auch die alten Römer pressten hier Öl. Doch schon die Kreuzritter ließen ihr Olivenöl aus Italien einschiffen, und unter der britischen Herrschaft gerieten die rund zehn autochthonen Sorten

gänzlich in Vergessenheit. Heute sind Olivenbäume auf der Insel wieder allgegenwärtig, und Bauern schließen sich in Kooperativen zusammen, um sie zu pflegen und zu ernten.
In alten Schriften ist eine besondere Sorte erwähnt worden: die weiße Olive, „Perle von Malta" genannt. Einst wurde sie europäischen Herrschern als kostbares Geschenk überreicht – obwohl sie extrem bitter sein soll. 2017 hat die Regierung den Züchter Salvatore Cremona gebeten, seine in Gläsern eingelegte Perla-Ernte von 2016 als Geschenk für den maltesischen EU-Ratsvorsitz zur Verfügung zu stellen. Malta-Enthusiasten empfehlen übrigens die mit einer Thunfischpaste gefüllten Oliven, die gern als Snack gereicht werden. Fragen Sie nach „zebbug mimli" – Zebbug ist eine der ältesten Städte auf Malta, „mimli" heißt übersetzt „voll." Die Paste besteht aus Thunfisch, Knoblauch, Harissa und Petersilie, alles vermischt mit Olivenöl.

Mallorca: Schafzucht und Olivenanbau

Angesichts unserer Unkrautmengen, die zwischen den jungen Olivenbäumen sprießen, bzw. buchstäblich ins Kraut schießen, haben wir schon oft überlegt, mal eine Schafherde über unser Gelände ziehen zu lassen. Denn Schafe sind ja hervorragende Unkrautvertilger und produzieren nebenbei noch prächtigen organischen Dünger!
Auf Mallorca, der Balearen-Insel, die außer Ballermann so viel mehr zu bieten hat, ist die Verbindung von Olivenanbau mit Schafzucht schon seit alters her eine sehr verbreitete Praxis. Sieht ja auch idyllisch und beruhigend aus: vor sich hin weidende (und blökende) Schafe zwischen den Respekt gebietenden Olivenbäumen. Nachdem die Phönizier und Griechen den Olivenbaum nach Spanien gebracht hatten, gelangte er auch nach Mallorca. Bereits zu Zeiten der Herrschaft Aragoniens (13. Jahrhundert) wurde neben anderen Produkten Öl aus Mallorca nach Nordaf-

rika exportiert. Gegen Mitte des 15. Jahrhunderts war das Öl aus Mallorca ein gängiger Exportartikel, der regelmäßig von der Insel ausgeführt wurde. 90 Prozent der gut 750.000 Olivenbäume auf Mallorca sind daher durchschnittlich rund 500 Jahre alt. Die alten, knorrigen und gewundenen Bäume sind aus der Insellandschaft nicht wegzudenken. Die offizielle Herkunftsbezeichnung „Oli de Mallorca" gibt es erst seit 2002. Dieses Gütesiegel erhalten nur die besten nativen Olivenöle extra der Insel, die speziell aus den Sorten Mallorquina, Arbequina und Picual gewonnen werden.

Die Mallorquina, in Spanien auch Empeltre genannt, schmeckt eher mild und nach Mandeln.

Acht Liebhaber-Argumente für Olivenöl

1. Ich liebe den Süden.

Mit Olivenöl hole ich mir die Sonne und mediterranes Lebensgefühl in die Küche.

2. Ich geniesse gutes Essen.

Wirklich schmackhaftes Olivenöl bereichert meinen Speiseplan wie ein außergewöhnlicher Wein.

3. Ich freue mich an der mediterranen Landschaft.

Mit dem Kauf einer hochwertigen Flasche Olivenöl betreibe ich Landschaftsschutz im Mittelmeer-Raum. Wenn die Olivenbauern die jahrhundertelange Bewirtschaftung ihrer Olivenhaine aufgeben, würden große Gebiete verwildern und verkarsten, die Brandgefahr würde steigen.

4. Ich bewundere Handwerkskunst.

Die handwerkliche Herstellung von Qualitäts-Olivenöl erfordert über das Jahr viel Erfahrung, Wissen, Geduld und Energie. Dessen bin ich mir bewusst und unterstütze es.

5. Ich bin gesundheitsbewusst.

Der Mensch ist, was er isst. Dementsprechend nehme ich nur Lebensmittel zu mir, denen ich vertraue, die möglichst naturbelassen und nachweislich gesundheitsfördernd sind wie Olivenöl.

6. Ich halte etwas von Tradition und Werten.

Mir imponiert es, wie Generationen von Olivenbauern ihre Erkenntnisse und ihr Wissen weitergeben. Der Fortschritt in der Olivenöl-Gewinnung hat der gesteigerten Qualität eines Lebensmittels gedient, ohne dass der Respekt vor der Natur gelitten hat. Im Gegenteil: Es zeugt vom respektvollen Umgang mit dem Lebens-Mittel Olivenöl, wenn es so schonend wie möglich gewonnen wird.

7. Ich schätze Qualitätsprodukte.

Mir ist bewusst, dass ein gutes Olivenöl seinen Preis hat. Die Handernte ist extrem anstrengend und zeitintensiv. 20 bis 30 Euro pro Liter sind gerechtfertigt, sonst kann ein Olivenbauer von den Früchten seiner Arbeit nicht leben.

8. Ich bin begeistert von der Vielfalt der Geschmacksverfeinerungen.

Der Einsatz von Olivenöl in der Küche ist fast unbegrenzt. Man muss es nur mal ausprobieren.

Nachwort und Dank

Die Erstauflage dieses Buchs ist 2015 im Münchner Dort-Hagenhausen-Verlag erschienen. Danke an dieser Stelle an Martin Dort, der mir mit diesem Geschenkbuch aus seiner Serie „Die guten Seiten des Landlebens“ einen großen Dienst erwiesen hat. Als er seinen Verlag verkauft hat, habe ich die Restauflage aufgekauft und das Buch selbst unter dem Label meiner „Edition Rauchzeichen“ vertrieben. Viele tausend Leser und sieben Jahre später ist nun diese Neuauflage fällig, die wiederum die wunderbare Gestalterin Christine Paxmann mit mir aktualisiert und modernisiert.

In all diesen Jahren habe ich selbst weiterhin viel dazu gelernt – und natürlich auch viele Reaktionen sammeln können. Danke an dieser Stelle an alle Leser*innen, die mit mir in Kontakt getreten sind, und an alle Besucher*innen unserer Olivenölschul-Abende in München, Erding und Berlin. Wir freuen uns sehr, dass wir inzwischen auch von Firmen und im privaten Kreis gebucht werden.

Man macht sich nicht immer beliebt, wenn man zu viel über gutes und schlechtes Olivenöl weiß und das auch gern weitergeben möchte. Wenn ich beispielsweise in eine fremde Küche komme und dort ein „hässliches Bertolli-Öl“ aus dem Supermarkt herumstehen sehe, kann ich nicht anders als zu sagen: *„Bitte sofort entsorgen! Wenn Du das nimmst, kannst Du auch gleich mit Nivea kochen und braten.“* Ist hart und wird nicht immer wertgeschätzt. Oft höre ich dann: Ja, ich weiß, aber gutes Olivenöl ist doch so teuer. Ja, ist es. Aber mein Auto tanke ich auch nicht mit Schmieröl, oder? Man ist, was man isst. Der Körper wird es Dir lebenslang danken, wenn Du ihm nur das Beste gibst.

Anderes Beispiel: Ich werde von der Tochter eines Neu-Nachbarn gebeten, zur Olivenernte zu kommen und, weil ich ja ein Buch darüber geschrieben habe, meine Meinung kundzutun. Das war in einem Jahr, in dem wir selbst wegen des massiven Befalls der Olivenfruchtfliege komplett auf die Ernte verzichtet haben, weil die Oliven einfach ungenießbar waren. Diese Mini-Fliegen bohren kleine Löcher in die saftigen Oliven, graben sich dort vor und legen Eier hinein, aus denen ein kleines Würmchen schlüpft. Lecker, nicht? Will man ja unbedingt im Olivenöl haben. Öffnet man die Oliven mit dem Fingernagel, sind sie innen statt hellgelb braun, also verdorben. Was also sage ich, als ich die fröhliche Erntetruppe unter den Olivenbäumen mit den sichtbar verschrumpelten Oliven besuche: *„Die Mühe könnt Ihr Euch sparen, Ihr werdet nur verdorbenes Olivenöl bekommen."* Verdutzte Gesichter – und ein erboster Hausherr, der mich später übel beschimpfte.

Mitten bei der Ernte waren übrigens auch helfende Italiener, die es nicht besser wussten oder es dem stets alles besser wissenden Deutschen nicht sagen wollten. Sie haben die Oliven tatsächlich in Plastiksäcke gequetscht und wollten damit in die traditionelle Steinmühle gehen. Als ich meinte, das sei ja nun völlig falsch, das sage einem ja der gesunde Menschenverstand, dass die ohnehin nicht gesunden Oliven in diesen Säcken sofort das Gären anfangen, gab es große Augen und den Willen, zumindest der deutschen Helfer, die Ernte sofort abzubrechen. Tja, dieser Neu-Nachbar und ich sind keine Freunde geworden, wie man sich gut vorstellen kann. Ob er inzwischen dazu gelernt hat? Ich hoffe es.

Eine stärkende Mittagspause muss sein. Danke an alle fleißigen Erntehelfer!

Ein anderes, positives Beispiel ist Volker, den ich hier gern beim Namen nenne. Er besitzt ein Haus mit Olivenhain in Apulien und kommt in unsere Olivenölschule mit seinem vermeintlich frischen Olivenöl. Wir verkosten es – und finden es grässlich. Es ist einfach schlechtes Öl, was auch alle anderen Teilnehmer*innen dieses Abends mit verzogenen Gesichtern bestätigen. Anstatt nun beleidigt zu sein, kommt Volker zu unserer Olivenernte im Oktober 2022, um zu helfen und zu lernen! Er kauft hier einen elektrischen Rüttler und fährt weiter gen Süden zur eigenen Olivenernte, wo es ihm tatsächlich gelingt, seine Bauern mit Hartnäckigkeit von der dort üblichen Methode abzubringen! Chapeau! Diese sieht nämlich so aus, dass der in dieser Region flache Boden unter den Olivenbäumen mit einem Laubbläser sauber gepustet wird, danach klopfen die Bauern mit Stöcken an die Bäume und die Oliven fallen auf diesen „sauberen" Boden, von dem sie mit Rechen zusammengekehrt werden. Das machen die Bauern drei Mal zeitversetzt, also zum Schluss mit schwarzen, eher überreifen Oliven.
Volker hat nun Netze ausbreiten lassen, hat Rüttler und Kämme besorgt und sich vor allem eine moderne Ölmühle gesucht, die ihm am selben Tag die geernteten Oliven weiterverarbeiten wollte. Aber leider war eine Maschine kaputt, so dass die Oliven doch wieder tagelang unverarbeitet rumstanden. Das mache doch nichts, hörte er da, es sei doch egal, wann die weiterverarbeitet würden. Grrr!!! Nein, ist es nicht! Immerhin wird ihm in der Ölmühle bewusst: 75 Prozent der Olivenbauern machen die Ernte auf die moderne Weise wie er, nur sein Nachbar gehörte zur rückständigen Minderheit. Seiner eigenen Lernfähigkeit muss jetzt nur noch die seines Nachbarn folgen. Aber wie man weiß: Traditionen, nach dem Motto *„Das haben wir doch immer schon so gemacht, kann doch nicht schlecht sein"*, werden nur sehr zäh geändert.

Ich will mit all dem nicht sagen, dass ich die Weisheit mit Löffeln gefressen habe. Aber es gibt nun mal neue Erkenntnisse, denen man sich nicht verschließen sollte. Allen voran gebührt mein großer Respekt dem Oliven-Guru Andreas März, der sich unermüdlich für Qualität bei Weinen und Olivenöl einsetzt.

Wie schwer es ist, die Oliven tatsächlich am Erntetag selbst weiterverarbeiten zu lassen, haben wir in diesem Jahr erneut erfahren müssen: Diesmal lag es daran, dass die Ölmühle unseres Vertrauens zu unserem frühen Erntezeitpunkt am Wochenende noch nicht geöffnet hatte. Also mussten wir zu einer anderen ausweichen, die dann aber so überlastet war, dass unsere Oliven eine Nacht dort standen. Ich war nicht begeistert. Aber was soll ich machen? Der frühe Termin war der Olivenfliege geschuldet, die plötzlich zuschlug, als es Ende September regnete und dann ungewöhnlich warm wurde. In Windeseile mussten wir Helfer*innen zusammentrommeln, was glücklicherweise gelang. Danke an dieser Stelle an Gabi, die im Zug spontan aus München kam, und an Uwe und Vera, die vor ihrer eigenen ersten Olivenernte im Hinterland bei uns noch etwas lernen wollten. Natürlich haben wir dann zwei Wochen später auch bei ihnen geholfen.

So halten wir das auch mit unseren lieben italienischen Nachbarn, der Familie Paci. Sie helfen uns und wir ihnen. Die gemeinsamen Mittagessen an einer langen Tafel im Freien sind dann immer so, wie man es in Italien-Filmen sieht: Alle reden durcheinander und fühlen sich „*in compagnia*" einfach wohl! Sämtliche Mühen im Olivenhain sind sowieso spätestens vergessen, wenn man einen Tag später das frische Olivenöl auf frisches Weißbrot träufelt! Genuss-Freude, die ihresgleichen sucht.

Heidi Rauch, November 2022

Nachwort II – Ein Lob auf das Ernte-Miteinander

Liebe Heidi,

danke für die nette Erwähnung in Deinem Buch. Eigentlich ist es andersrum. Die Reise mit dem Zug war ein schöner Weg durch viele verschiedene Landschaften und eine langsame Annährung an die Marken. Die wenigen Tage bei Euch waren sehr spannend und meine Lernkurve über Oliven war in kurzer Zeit sehr steil.
Beim Ernten lernt man, wenn sich nach einiger Zeit der Rücken meldet, die Arbeitsabläufe zu wechseln. Mal aufrechtstehend Oliven von den Zweigen rechen, mal gebückt Netz ausbreiten, mal volle Kisten schleppen und leere holen, mal voller Elan den schweren Elektrorüttler hochwuchten und für höchstens eine Minute halten können. Zur Ablenkung mit Vera ausrechnen, wie viele Oliven wir ernten müssen, um das von Heidi vorgegebene Ziel von mindestens 200 Kilo zu erreichen, wenn eine Olive zwei Gramm wiegt. Mühsam versuchen, Frau Pacis Italienisch zu folgen.
Bei der Ernte, die ja wirklich pure Handarbeit ist, entsteht bald ein wunderbares Miteinander, es läuft alles automatisch Hand in Hand und wir zu einem gemeinsamen Rhythmus. Und ich bin sicher, dass die Bäume sich freuen, wenn man ihnen die Last nimmt.
Seit ich den langen Prozess miterlebt habe, bis aus den Oliven nach ihrer Zermalmung bei maximal 26 Grad ehrliches, sattgrünes, aromatisches Öl aus der Zentrifuge fließt, esse ich jede einzelne Olive mit Respekt und verwende ihr Öl mit mehr Genuss.
Ich habe zu danken für die Tage mit Euch, die ja neben ein wenig Arbeiten auch noch Schwimmen im Pool, fantastische Ausblicke, wunderbare Michele-Tortellini und Spaziergänge mit Heidi am Meer waren.
Sehr liebe Grüße – Gabi E., November 2022, per e-mail

Oliven ernten ist durchaus anstrengend: Da bekommt man schon mal Genickstarre oder der Rücken braucht eine Sitzpause.

Literatur

Alfei, Barbara u. a.: Oli Monovarietali, Ancona, 2013
Dornakis, Wassili u. a.: Olivenbäume, Athen, 2012
Dutli, Ralph: Liebe Olive, Göttingen, 2013
Falco, Carlos: Oleum, Hamburg, 2012
Flos Olei, alljährlicher Führer durch die Olivenölwelt, herausgegeben von Marco Oreggia und Laura Marinelli in Rom – ital./engl, ital./span. und ital./chines. – www.flosolei.com
Hassouna, Viktoria: Natives Ölivenöl, Book on Demand, 2007
Lehari, Gabriele: Oliven, Reihe Garten-Fit, Stuttgart, 2004
März, Andreas: Dossier Olivenöl, Merumpress AG Zürich, erscheint jedes Jahr
Mueller, Tom: Extra Vergine, München, 2012
Rosenfelder, Regina: Lebenselixier Olivenöl, München, 1999
Schanz-Kölsch, Änne: Olio, ti voglio, DVD, Merum 2012
Schellinger, Andrea: Olive, Der heilige Baum, Frankfurt 2004
Schermer, Bärbel: Das kleine Buch vom Öl, München 2010

Informationsquellen

Tests in Zeitschriften

Leider nicht sehr aussagekräftig, weil hier stets nur die großen Produzenten berücksichtigt werden und die Tester teilweise merkwürdige Parameter zugrunde legen. Tatsächlich sind gerade die alljährlichen Olivenöl-Tests in deutschen Zeitschriften wie der Stiftung Warentest, Feinschmecker und Öko Test stets viel zahmer als etwa das italienische Verbrauchermagazin „Salvagente", das auch zahlreiche Olivenöl-Skandale aufgeklärt hat. Öko Test ist am weitesten mit seiner Ablehnung vieler Supermarkt-Öle, die alles andere als wirklich extra vergine sind. Bitte lieber dem eigenen Geschmack vertrauen!

Siegel für Preise, Awards

Auch hier ist gesundes Misstrauen angesagt. Die Verkostungen müssen bezahlt werden, und diese Kosten – Teilnahmegebühr, Gebühr für das Siegel – können und wollen sich wiederum nur große Produzenten leisten. Kleine Produzenten haben hier keine Chance.

Nützliche Links

Deutsches Olivenöl-Panel: www.olivenoel.ingds.de
International Olive Council, Madrid: www.internationaloliveoil.org
Zeitschrift und Portal mit internationalen Olivenöl-News: www.oliveoiltimes.com
Olivenöl-Guru Andreas März und seine Zeitschrift: www.merum.info
Öllampe: www.der-roemer-shop.de
Olivenöl aus Griechenland, mit vielen nützlichen Hintergrund-Informationen: www.bio-vegan-bestellen.de
Olivenöl aus den italienischen Marken, Blog der Autorin: www.kora-italien.com
Olivenöl aus der Provence, Frankreich: www.france.fr/de/provence/liste/olivenoel-aus-der-provence
Ranking der angeblich weltbesten Olivenöle uvm.: www.olivenoelexperte.de
Landwirtschaftliche Infos: www.wikifarmer.com

Register

Die Autorin

Heidi Rauch ist Diplom-Journalistin, PR-Beraterin (für Kultur und Golf) und Buchautorin, u. a. „Mut zur neuen Hüfte!", Gesundheitsratgeber, und „Die Limoncello-Freundinnen", ein Italien-Roman. Sie ist in Berlin geboren, hat in München studiert und als Theaterkritikerin gearbeitet, bevor sie in die Öffentlichkeitsarbeit wechselte. Seit 2008 verbringt sie rund vier Monate im Jahr in den mittelitalienischen Marken, wo sie zusammen mit ihrem Mann und einer befreundeten Familie ein Haus mit Olivenhain besitzt.

Heidi Rauch und ihr Ehemann Michael Konitzer haben einen Online-Shop für Olivenöl und andere kulinarische Produkte aus ihrer Zweitheimat, www.kora-italien.com. Seit 2016 veranstalten sie Olivenölschul-Abende mit Blindverkostungen und gemeinsamem Kochen. Fester Veranstaltungsort ist die Event-Küche in einem ökologischen Mehrgenerationshaus in München-Riem, in dem sie seit Ende 2020 mit 35 Parteien wohnen (www.stadtnatur.net). Hier findet auch alljährlich Mitte November bzw. Anfang Dezember ein großes Olivenöl-Erntedankfest mit dem frischen Öl der Oktober-Ernte statt. Man kann die beiden Olivenöl-Experten auch für externe Veranstaltungen – privat oder als Firma – buchen.

Infos und Kontakt: pr@heidi-rauch.de

Bildnachweis
123 RF: 143, 181
Adobe Stock: Cover , 17, 90, 107, 110, 121, 139, 147, 148/149, 152, 157, 162/163, 171, 172, 191,
Colourbox: 176, 182
Fotolia: 3, 8, 12/13, 14, 19, 64, 71, 127, 130/131, 164, 169, 186/187
Pixabay: 32/33, 61, 123, 159,
Privat: 6/7, 11, 34/35, 37, 38, 39, 42, 46, 48/49, 51, 56, 57, 62/63, 66, 67, 69, 73, 74/75, 76, 79, 85, 87, 89. 95, 97, 101, 109, 115, 117, 124, 129, 151, 159, 193, 196/197, 201, 207
Wikimedia: 23 (David Castor), 26, 29, 51, 133

Originalausgabe
2. Auflage Januar 2023

Heidi Rauch
Elisabeth-Baerlein-Str. 9
D-81829 München

ISBN 978-3-0007-4392-4

WWW.HEIDI-RAUCH.DE

Gestaltung: Christine Paxmann text • konzept • grafik, München
Druck: CPI books GmbH, www.cpi-print.de